丛书系国家社科基金重大招标项目《以"两个结合"继续推进马克思主义中国化时代化研究》（项目编号：23ZDA006）阶段性成果

中山大学中共党史党建研究院
理解和推进『第二个结合』丛书

张　浩　主编

读懂 民为邦本

陶　颖／著

人民日报出版社
北京

图书在版编目（CIP）数据

读懂民为邦本 / 陶颖著 ; 张浩主编 . -- 北京：
人民日报出版社 , 2024. 10. -- ISBN 978-7-5115-8434-2
Ⅰ . D262.3
中国国家版本馆 CIP 数据核字第 20243KD215 号

书　　名：读懂民为邦本
　　　　　DUDONG MINWEIBANGBEN
著　　者：陶　颖
主　　编：张　浩

出 版 人：刘华新
策 划 人：欧阳辉
责任编辑：毕春月　刘　悦
装帧设计：新成博创 XIN CHENG BO CHUANG

出版发行：人民日报出版社
社　　址：北京金台西路 2 号
邮政编码：100733
发行热线：（010）65369509　65369527　65369846　65363528
邮购热线：（010）65363531　65363527
编辑热线：（010）65369521
网　　址：www.peopledailypress.com
经　　销：新华书店
印　　刷：北京盛通印刷股份有限公司
法律顾问：北京科宇律师事务所　（010）83622312

开　　本：710mm×1000mm　　　　1/16
字　　数：172 千字
印　　张：15.25
版次印次：2024 年 10 月第 1 版　2024 年 10 月第 1 次印刷

书　　号：ISBN 978-7-5115-8434-2
定　　价：49.80 元

如有印装质量问题，请与本社调换，电话：（010）65369463

理解和推进"第二个结合"丛书
编委会

策　划：刘志明

主　编：张　浩

编　委（按丛书顺序）：

罗嗣亮　陶　颖　吴之声　何　旗　吴　瑞　余　斌

黄越泓　骆红旭　贾　茹　邓菀莛　姚丽梅　罗　楠

总　序

读懂"第二个结合"

在庆祝中国共产党成立100周年大会上，习近平总书记首次提出马克思主义基本原理同中国具体实际相结合、同中华优秀传统文化相结合的重大论断。在党的二十大报告中，习近平总书记对"两个结合"进行了深刻阐述："中华优秀传统文化源远流长、博大精深，是中华文明的智慧结晶，其中蕴含的天下为公、民为邦本、为政以德、革故鼎新、任人唯贤、天人合一、自强不息、厚德载物、讲信修睦、亲仁善邻等，是中国人民在长期生产生活中积累的宇宙观、天下观、社会观、道德观的重要体现，同科学社会主义价值观主张具有高度契合性。"在2023年6月2日召开的文化传承发展座谈会上，习近平总书记再次论及"两个结合"，特别对"第二个结合"进行了充分论述，阐明了马克思主义基本原理同中华优秀传统文化相结合的内在机理，即彼此契合、互相成就，揭示了马克思主义基本原理同中华优秀传统文化相结合对于筑牢道路根基、打开创新空间、巩固文化主体性方面具有重大意义。习近平总书记还强调，

"第二个结合"是又一次的思想解放,是中国共产党对马克思主义中国化时代化历史经验的深刻总结,表明了党在传承中华优秀传统文化中推进文化创新的自觉性达到了新高度。

马克思主义基本原理同中华优秀传统文化相结合的根本原因在于二者的契合性

产生于不同社会环境下的两种思想文化,要想达到相互适应、相互融合的和谐统一状态,彼此之间必须具有高度的契合性,这是促使两种文化有机结合进而造就一个新的文化生命体的根本原因。习近平总书记在文化传承发展座谈会上强调:"马克思主义和中华优秀传统文化来源不同,但彼此存在高度的契合性。"这种内在契合性可以体现在宇宙观、社会观、价值观、方法论等方面。

其一,宇宙观的契合性。宇宙观,又可以称为世界观,是人们对于客观存在的物质世界到底是什么以及如何认识客观物质世界的总的看法和根本观点。马克思主义世界观主要指对自然界、人类社会以及人与自然关系的整体看法,是指导人们认识和探索宇宙世界的思想指南。在对自然界的认识上,马克思主义强调自然规律的客观性,认为人类来自自然界,与自然界有着天然的和谐关系,即"人本身是自然界的产物,是在自己所处的环境中并且和这个环境一起发展起来的"[①]。在对物质存在方式的认识上,马克思主义认为,要从物质运动的表现形式出发来认识客观世界,指出:"一切存在的基

---

① 《马克思恩格斯选集》第3卷,人民出版社2012年版,第410页。

本形式是空间和时间,时间以外的存在像空间以外的存在一样,是非常荒诞的事情。"[1]马克思主义的自然观和时空观作为世界观的重要组成部分,是马克思主义世界观的思想坐标,是考察人类社会发展规律的理论基础,也是从实际出发考察国家现实发展的思想根据。基于此,坚持一切以时间、地点和条件为转移的方法论成为将马克思主义基本原理应用于具体社会实践的逻辑前提,也为能够同中华优秀传统文化相结合提供了内在根据。

中华优秀传统文化的宇宙观,以"天人合一"为思想内涵,以中国人认识世界和改造世界的时空观为逻辑起点,是世界观借以中国语言的特殊表达。关于对自然的看法,中华优秀传统文化崇尚"天人之际,合而为一"的境界,阐述了"天道"和"人道"的相互关系,提出了人们应当恪守的行为准则。具体而言,"天道"即天地之间万事万物运行的客观规律,"人道"即在人类社会中规范人们行为方式的道德准则和精神品质以及人类社会发展运动的客观规律。二者的关系为"天地与我并生,而万物与我为一",即人不仅属于自然界的一部分,其本身还需要通过修身养性以达到与自然界和谐统一的境界。对时空的看法,源于对"宇宙"的考察。"宇宙"一词,可追溯至《庄子·齐物论》:"奚旁日月,挟宇宙?"《经典释文》引《尸子》之言道:"天地四方曰宇,往古来今曰宙。"这表明,"宇宙"作为表述时空的概念,已经为人们所用,其中,"天地四方""往古来今"即是对"时空"的中国话语表达。此外,郭象注《庄子·庚桑楚》提道:"宇者,有四方上下,而四方上下未有

---

[1]《马克思恩格斯文集》第9卷,人民出版社2009年版,第56页。

穷处；宙者，有古今之长，而古今之长无极。"可以看出，中国古人对于"宇宙"的探索已经达到新的境界，即道出了空间存在的现实性、时间交替的继起性以及时间和空间发展的无限性。这些观点都与马克思主义的时空观高度契合，为同马克思主义基本原理相结合准备了思想条件。

其二，社会观的契合性。社会观指的是关于社会中的人类活动、社会发展的动力因素以及社会发展的趋势方向的整体看法。马克思主义社会观从"现实的人"出发，考察人类社会的实践活动，提出人类社会发展的终极目标和最高理想。在科学实践的基础上，马克思主义社会观以人类社会或社会的人类为出发点和立足点，对人类社会发展动力展开考察，认为人民群众的整体诉求和行动轨迹代表社会发展的方向，是推动社会变革发展的决定力量。由此，在推动社会变革发展的具体实践中，要坚持把人民群众放在至高无上的地位，发挥人民群众改造现存社会、追求理想社会的强大力量。关于理想社会，马克思主义提出人类社会的发展趋势为共产主义社会，即每个人的自由全面发展的美好社会。在这个理想社会中，社会生产力高度发展、物质资料极大丰富、旧式分工彻底消除、阶级对立和剥削压迫彻底消亡、生产资料实现公有，社会关系高度和谐，全体社会成员得到自由全面发展。到那时，全人类有着共同的利益基础，社会成为"真正的共同体"，人们真正摆脱了"人的依赖关系"和"物的依赖关系"，真正实现了每个人的"自由发展"。

中华优秀传统文化的社会观，基于"天下观"的基本理念，倡导"以民为本"的重要思想，将"大同"作为社会发展的终极目标，体现了中国人民家国同构的情怀伦理和对美好社会的向往追求。中华优秀传统文化视黎民百姓为国家根本，其中所蕴含的"民为邦本"思想由来已久。《尚书》载："民惟邦本，本固邦宁。"《孟子·尽心下》提出："民为贵，社稷次之，君为轻。"《荀子·哀公》提出："君者舟也，庶人者水也。水则载舟，水则覆舟。"中华优秀传统文化强调对"民"的重视，并将其丰富和拓展成为中华民族宝贵的精神财富，在一定意义上也成为栽培马克思主义"人民至上"观念的思想土壤。关于未来社会构想，《礼记·礼运》提出的"大道之行也，天下为公"以及对大同社会的描绘，道出中华民族对美好社会的千年夙愿。其中，关于大同社会"矜寡孤独废疾者皆有所养""货恶其弃于地也，不必藏于己；力恶其不出于身也，不必为己"等的描述，实际上体现了人们对于物质资料丰富充裕和社会公有制的追求，这也与共产主义的理想追求有着共通之处，增强了中华民族对马克思主义的认同感。"任人唯贤"出自《尚书·咸有一德》，体现的是重视人才，唯贤是举。马克思主义在确认人民群众在社会历史发展中的主体作用的同时，并不否认少数英雄人物起到的关键作用，这与中华优秀传统文化具有契合性。"为政以德"出自《论语·为政》，"为政以德，譬如北辰，居其所而众星共之"，讲的是统治者和官员要有道德操守，在重视个人品德、遵守政治规则的同时，尽力施行仁政，体现的是正身爱民的思想。"为政以德"是"民为邦本"思想的延伸和在政治上的表现，与"民为贵，社稷次之，君为轻"是相通的，同马克思主义的群众观点和群众路线也是相通的。"讲信修睦"最早出自《礼记·礼运》，核心含义是人与人之间、国与国之间要讲究信用，谋求和睦，强调信用与和睦，涉及人际关系乃至团体、群体的互相交往层面。"亲仁善邻"出自《左传·隐公六年》，"亲仁善邻，国之宝也"，讲的是国家民族间要和平相处，不以邻为壑，这也与中华文明的和平性相一致。"革故鼎新"源于《周易》的《革卦》与《鼎卦》，后世将其合二为一作为成语，意指改变社会上陈旧的、不合时宜的旧事物、旧制度，革除违背世道人心的不良因素，荡涤阻碍历史潮流的瑕秽污渍，它与马克思主义所讲的社会革命思想观点相契合。总之，中华优秀传统文化的社会观中关于人民主体力量和未来理想社会的思想与马克思主义社会观高度契合，为二者有机结合奠定了观念基础。

其三，价值观的契合性。价值观，是人们对于是非曲直的认知、判断和选择，体现着人们对于某种精神境界的追求和向往。马克思主义价值观，坚持以人的自由全面发展为核心目标和最高价值，以个人与社会的辩证统一为基本原则和实践遵循，旨在为绝大多数人谋利益，追求真正的普遍的共同利益。马克思、恩格斯在阐明"人的本质"和"社会关系"的基础上，提出个人与社会关系。立足于"人的本质在于其社会性"的观点，马克思主义认为，个人是社会的一部分，个人应该承担起推动社会发展的责任，个人离开了社会就无法生存。基于此，马克思主义提出集体主义的价值观念和道德原则，认为个人只有实现其社会价值才能实现其个人价值。此外，马克思、恩格斯还进一步指出，在共产主义社会，个人利益与社会利益高度一致，个人在维护社会利益的同时，社会也在保障个人利益，即"每个人的自由发展是一切人的自由发展的条件"①。马克思主义这种基于人的本质立场的集体主义价值观念和核心目标,为其同中华优秀传统文化深度融合开拓了道路。

中华优秀传统文化的价值观,有明显的集体主义情感倾向,强调群体高于个体。在宗法制的影响下,古代中国强调个人要遵循社会秩序和等级分配,通过"克己"达到"复礼",以维护封建统治。具体而言,"仁"的价值观念要求人们与人为善,尊重他人,对他人负责;"义"的价值观念要求人们对他人和社会公共利益作出贡献;"礼"的价值观念要求人们遵循社会礼仪,维护社会秩序和规范。中华文明强调的"自强不息",出自《周易·乾卦·大象传》,"天行健,君子以自强不息",意指一个人要有志向,要奋斗上进。"厚德载物"一词,出自《周易·坤卦·大象传》中的"地势坤,君子以厚德载物",指的是人作为天地之间的个体,应当取法于大地,不以个人得失为意,包容万物和他人。从国家层面来看,中华优秀传统文化提倡"苟利国家生死以,岂因祸福避趋之"的家国情怀和"修身、齐家、治国、平天下"的道德追求,认为只有融入社会、忠君报国才是有高尚品德的"君子"。以上种种都体现了中华优秀传统文化对个人的道德要求和行为准则,是中华优秀传统文化价值观的具体彰显。概言之,无论是马克思主义关于人的社会本质和集体主义价值观的思想,还是中华优秀传统文化所讲的个人要遵循社会秩序的观念,都强调个人价值的实现要以社会价值的实现为前提,都认为个人要对社会和集体付出并作出贡献,这鲜明体现了马克思主义

---

① 《马克思恩格斯文集》第 2 卷,人民出版社 2009 年版,第 53 页。

基本原理同中华优秀传统文化在价值观上的高度契合。

其四,方法论的契合性。方法论,是指导人们认识和改造世界、对人们的思维和行为方式产生影响的系统理论。马克思主义方法论,即唯物辩证法,要求人们不仅要从客观现实出发,通过理性思维来认识客观世界,而且要遵循客观规律,发挥人的主观能动性,通过具体实践去改造客观世界。从马克思主义理论的发展历程来看,这一科学理论生成发展的每一步都与实践紧密相连,它从实践中产生,在实践中发展,又反作用于实践并推动新的实践。从马克思主义哲学的任务要求来看,这一哲学思想特别重视实践的重要作用,强调哲学的任务不仅是要改变人们的思维方式、帮助人们理性认识世界,更是要基于此指导人们改变世界。它阐明了实践是全部社会生活的本质的观念,启发人们在社会实践活动中应用科学理论认识。这不仅为人们提高理性认识提供了方法指南,也为无产阶级进行革命斗争提供了实践工具。更重要的是,这种理论和实践相结合的方法论也为马克思主义中国化准备了思想条件和理论前提。

中华优秀传统文化的方法论,以"行"为核心范畴,通过论述"行"与"知"、"行"与"言"、"行"与"学"等的关系,提出"知行合一""言行合一""学至于行"的观念主张。关于"知行合一"的方法论,王阳明主张"尽天下之学无有不行而可以言学者,则学之始固已即是行矣",大意是知识、道理和学问需要通过行为实践才能获得,并强调格物致知、知行合一,这实际上与马克思主义"一切从实际出发"是高度契合的。关于"言行合一"的方法论,《论语·宪问》有曰,"君子耻其言而过其行",提倡人们说话行动要一致,不能纸上谈兵。孔子还提出了考察人的品行的方法论,认为一个人的实际行动是评判其言语和道德的标准,即"听其言而观其行"。这两个观点实际上与马克思主义"实践是检验真理的唯一标准"有相似之处。关于"学至于行"的方法论,《荀子·儒效》讲道,"不闻不若闻之,闻之不若见之,见之不若知之,知之不若行之。学至于行而止矣",即认为听到、见到和了解到都不如自己去实际行动所收获到的,只有真正行动了,知识和学问才真正实现了其价值。从本质上看,这种"学至于行"的求知方法与"实践是认识的目的和归宿"的方法论有着契合之处。

马克思主义基本原理同中华优秀传统文化相结合实质上是一场深刻的"化学反应"

马克思主义基本原理同中华优秀传统文化二者相互契合才能有机结合。那么,二者结合的实质到底是什么?对此,习近平总书记指出:"'结合'不是'拼盘',不是简单的'物理反应',而是深刻的'化学反应',造就了一个有机统一的新的文化生命体。"[①] 这一重要论述深刻揭示了"第二个结合"的实质过程和成果形态,明确指出了二者相遇会产生创造新价值、新思想、新事物的化学反应,同时意味着二者的结合既不是内容的机械拼盘,也不是话语和范畴的简单杂糅,更不是以中华优秀传统文化为主导把马克思主义儒学化,而是经过一次次碰撞、交流、会通而实现螺旋式上升后的有机融合、

---

① 习近平:《在文化传承发展座谈会上的讲话》,《求是》2023年第17期。

血肉相连,乃至基因重组,进而生成新的物质。

其一,深刻的"化学反应"创造了新的文化生命体。马克思主义基本原理同中华优秀传统文化相结合所产生的"化学反应"形态集中体现在二者结合的深度与质变特性上,意味着这种"结合"不仅仅是简单的数的相加或物理拼接,而是通过深入融合和相互作用发生了根本性的变化,形成了全新的文化形态,即"新的文化生命体"。这种新的文化生命体作为马克思主义基本原理同中华优秀传统文化相结合的产物,不仅融合了二者精髓,而且在中国式现代化道路中实现了对中华文明的文化再造和生命更新,为新时代中国特色社会主义文化建设和文艺繁荣不断注入生机与活力,也为中国式现代化不断提供精神力量。在这一新的文化生命体中,马克思主义理论始终具有指导地位,不仅提供了科学的世界观和方法论,而且与中国的历史与实践紧密结合,经过长期的适应、调整和创新,形成了符合中国国情的理论体系和实践路径。通过马克思主义真理之光激活中华文明基因,中华优秀传统文化的价值观、思想精华和人文精神经历了现代化的筛选、提炼和再创造,与马克思主义基本原理相融合,共同塑造了新的文化形态,即中国式现代化的文化形态。

从"结合"的过程来看,马克思主义基本原理同中华优秀传统文化的结合,是一个坚持守正创新且具有鲜明实践导向的过程,不仅代表了中华文明内在包容性、开拓性的发展要求,也代表了马克思主义理论的创新要求、实践要求,从而产生了马克思主义在中国具体的历史与文化中生根发芽、开花结果的必然结果。这一结合过程体现出二者双向互动的机制，即马克思主义的精髓不断激活中华优秀传统文化的根脉，使中华优秀传统文化在新的历史进程中实现创造性转化和创新性发展；同时，中华优秀传统文化的精华也不断充实马克思主义的魂脉，为马克思主义的发展提供丰厚土壤和源头活水。正是在强国建设和民族复兴的宏大叙事与实践支撑下，通过对马克思主义中国化时代化内在机理、深层规律以及中华优秀传统文化的突出特性在长期实践和理论积淀中的揭示，马克思主义基本原理同中国国情、中国历史、中国文化深度融合，马克思主义在中国的文化土壤中扎根，马克思主义基本原理同中国国情相结合的深度和广度不断拓展，马克思主义基本原理同中华优秀传统文化的价值目标和价值立场达成辩证统一。在这一过程中，马克思主义的主导地位不断明确，中华优秀传统文化的世界意义和时代价值不断彰显。正是通过马克思主义同中华优秀传统文化相互作用、相互影响、相互塑造的"化学反应"，形成了一个新的文化生命体，既体现了中华文明的深厚基础，也展现了马克思主义的科学性和真理性，推动了中国特色社会主义发展和中华民族现代文明建设。

从"结合"的结果来看，马克思主义基本原理同中华优秀传统文化相结合所产生的新的文化生命体的"果"，体现出其"化学反应"不是简单元素的相加，而是深层次的、质的转化，最终诞生了全新的文化形态。在这场"化学反应"中，两种文化的相遇并非平行线的简单交错，而是深度的互渗互融。马克思主义的科学理论与中国传统文化的精神精华相互作用，经过长期的相互影响、相互改造，最终形成了既不同于传统文化的纯粹形态，也不同于马克思主义理论的原初形态，而是形成了一种新的、活的、具有中国特色的社会主义文化生命体。这一"化学反应"过程的特征，首先是选择性的融合。如同化学反应中的催化剂，特定的社会历史条件和实践需求促使这一融合过程选择性地吸收两种文化中最有益于中国社会发展的元素，去粗取精，去伪存真。其次是创造性的整合。不仅仅是物理层面的结合，更重要的是在思想深度和文化精神上的整合与创新，从而产生新的价值观念、思想理念和文化形态。最后是动态性的发展。它不是一次性完成的静态过程，而是随着社会实践的深入、时代需求的变化而持续进行的动态过程，这种文化生命体在不断的发展变化中更加成熟、充实、鲜活。因此，作为结合成果的新的文化生命体所体现的"化学反应"形态，正是在马克思主义的科学指导和中华优秀传统文化的精神滋养下，通过选择性融合、创造性整合和持续的动态性发展，形成的具有中国特色的社会主义文化。新的文化生命体不仅丰富了中国社会的文化景观，也为推进社会主义现代化建设、增强民族文化自信和促进人类文明进步提供了重要精神力量。

其二，深刻的"化学反应"开辟出中华民族现代文明建设之路。马克思主义基本原理同中华优秀传统文化相结合催生了新的文化生命体。这一新的文化生命体不仅重新定义了民族的精神面貌，也为中国式现代化奠定了文化根基。通过深刻的"化学反应"，马克思主义的科学理论与中华优秀传统文化的人文精神相互作用、相互渗透，共同构筑起中华民族现代文明的坚实基础，开辟出一条融合传统智慧与现代科学的现代文明建设之路。

一是重新定义了中华民族现代文明的精神面貌。马克思主义基本原理同中华优秀传统文化深层次、全方位的相互作用与渗透而形成的全新文化形态,对中华民族现代文明的精神面貌产生了深刻影响。马克思主义的科学理论提供了分析社会发展规律的工具,而中华优秀传统文化则赋予了民族精神深厚底蕴,二者的结合为中华民族现代文明提供了发展进程中所需的精神指引和文化自信。马克思主义关于人的自由和全面发展的观点,与中华优秀传统文化强调的和谐、中庸之道等价值观念的融合,形成了促进个人与社会、人与自然和谐共生的现代文明导向,不仅促进了社会的和谐稳定,也激发了个体的创造力和社会责任感,重新定义了中华民族现代文明的精神面貌,使之更加积极向上、开放包容。马克思主义真理之光激活了中华民族优秀基因,深化了中华民族对于文化根源和未来发展方向的自我认知。通过创造性转化和创新性发展,中华传统文化在马克思主义指导下吸收一切先进思想和理念,不仅巩固了自身深厚的文化底蕴,还形成了面向未来的开放态度和创新精神。这种精神面貌的转变,为中华民族在人类现代化历史进程中巩固文化主体性、加强文化创造性提供了源源不断的思想精华和精神动力。

二是为建设中华民族现代文明指明了前进方向。马克思主义的科学理论为建设中华民族现代文明提供了科学的理论指导,为当代中国的物质文明、精神文明、政治文明、社会文明和生态文明的协同发展指明了方向。马克思主义并不是与中国传统文化割裂的外来理论,而是在同中华优秀传统文化相结合的过程中,不断被赋予中国特色和时代内涵,使其能够更好地适应中国的国情和文化背景,从而更好指导中华民族现代文明的发展。马克思主义的科学理论与中华优秀传统文化的人文精神的结合,不仅丰富了中华民族现代文明的科学内涵,也为中华民族现代文明发展进程中遇到的理论与实践问题提供了独特的解决方案。中华优秀传统文化强调的和谐、中庸之道、重视道德和集体利益等价值观,与马克思主义关于社会公平、人的全面发展的理论相结合,形成了具有中国特色的社会主义价值体系,塑造了中华民族现代文明的价值方向,也为处理社会矛盾、促进社会和谐与进步提供了文化基础。马克思主义基本原理同中华优秀传统文化的结合,使中华民族现代文明实现了发展与创新。在文化层面,促进了传统文化的创造性转化和创新性发展,使中华文化在全球化语境下既保持了自身的独特性,又彰显了自身的开放性和包容性;在制度层面,既吸收了马克思主义的科学原理,又融合了中华优秀传统文化的治国理政智慧,形成了中国特色社会主义制度,有效推进了国家治理体系和治理能力现代化。

三是构筑起中华民族现代文明的坚实基础。马克思主义深刻揭示了人类社会发展的基本规律,为中华民族指明了社会主义现代化的基本方向;而中华优秀传统文化所蕴含的深厚人文精神,特别是关于和谐、中庸、仁爱的价值观念造就了民族道德文化的支撑力量,不仅保证了中华民族现代文明建设的科学性和进步性,也确保了其道德性和人文性,塑造了一种富有现代化张力的文明新形态,使古老的中华民族在明德修身上焕发新风貌。这一深刻"化学反应"也在推动着中华文明从传统文明向现代文明的转变,使中华民族不仅在物质层面实现现代化,更在精神和文化层面完成自我超越和接续发展，推动中华文明实现从以农业文明为主导的传统文明向以工业化、信息化、全球化为特征的现代文明的转变，增强文明自觉与文明自信相统一的历史主动。

其三，深刻的"化学反应"实现了又一次思想解放。在马克思主义基本原理同中华优秀传统文化相结合的深刻的"化学反应"中，二者精髓的融合实现了又一次思想解放的历史性跨越。这一结合深植于中国共产党解放思想的历史进程，体现了对党的理论创新经验的总结和对文化发展规律的洞察，同时展现了马克思主义中国化时代化的生动实践。通过这一结合，中华优秀传统文化得到创造性转化和创新性发展，马克思主义在中国的土壤中焕发出新的活力，为中华民族现代文明建设奠定了坚实的理论和文化基础，推动了中华文化在新时代的自信与自强，为中国式现代化探索提供了正确方向和强大动力。

首先，这场"化学反应"推动了对马克思主义与中华文化关系认识的思想解放。这场"化学反应"强调了马克思主义基本原理同中华优秀传统文化之间高度的契合性，打破了二者不可兼容的错误理解，促进了马克思主义文化理论的不断完善和发展。通过将马克思主义基本原理同中华优秀传统文化相结合，不仅为马克思主义在中国的发展注入了新的活力，也为中华文化的现代转型提供了科学指导和理论支持，这一过程本身就是对旧观念、旧文化的一种超越，体现了新时代中国共产党人的思想解放。在新的历史条件下，对马克思主义基本原理同中华优秀传统文化的结合进行时代化的阐释，形成了一系列关于社会主义文化建设的新的理论观点和实践成果，其精华就是习近平文化思想。这不仅为中华民族现代文明建设提供了根本遵循，也实现了思想理论的守正创新，有效推动了中国特色社会主义文化事业的发展。

其次，这场"化学反应"推动了对中国与马克思主义关系认识的思想解放。长期以来，在对中国与马克思主义关系问题的认识上，一部分人片面强调马克思主义科学理论对中国发展的深刻影响，但对中国之于马克思主义理论体系的发展贡献闭口不提。充分肯定马克思主义深刻改变了中国的认识当然是正确的，但停留于这样的认知是不全面的，因为这只看到了问题的一个方面。而"第二个结合"的提出，则使我们认识到马克思主义和中国是互相成就的关系，不仅马克思主义深刻改变了中国，中国也极大丰富和发展了马克思主义，这样的认识才更加全面。马克思主义基本原理同中国具体实际相结合侧重于理论与实践、主观与客观、应用与被应用的关系问题，这一结合做得再好，就其本质而言，也只能体现对马克思主义科学理论的深刻理解和有效运用，无法真正让马克思主义成为中国的。如果说这种结合语境下的"中国"具有明显的受动特质，那么"第二个结合"中的"中国"则表现出强烈的主体能动性。"第二个结合"触及古与今、中与西之间的交流互鉴和融合发展问题。正是通过深刻的"化学反应"，中华优秀传统文化得以进入马克思主义谱系之中，使马克思主义从中华文化沃土中获得丰厚滋养，使身为"舶来品"的先进理论真正内化为中华民族现代文明的有机组成部分，让马克思主义成为中国的。

再次，这场"化学反应"推动了对传统与现代关系认识的思想解放。对于传统文化,过去由于多种因素,有的人往往坚持着这样一种形而上学的偏见:将传统与现代文明机械地对立起来,一提到"传统"就认为是落后的、过时的、陈腐的,而"现代"就是进步的、发展的、时髦的,由此呼吁建设现代文明就必须彻底抛弃传统。事实上,传统与现代之间并非简单的对立或断裂关系,而是有着更为复杂的内在联系,呈现出相互兼容、相互作用的鲜明特征。"第二个结合"在厘清传统与现代关系层面实现了思想解放,凸显了中华优秀传统文化在现代化进程中的地位和价值,要求从连续性和整体性维度考察由传统中国到现代中国的发展演进过程,将中国视为一个连续发展的有机整体。传统与现代是相互影响、相互交融、相互塑造的,中国式现代化强调赓续而非消灭古老文明,是文明更新的结果,而不是文明断裂的产物。"第二个结合"强调以文化底蕴筑牢道路根基,让新时代的道路建设实践有了更为宏阔深远的历史纵深。中国式现代化与中华文明是相互影响、协同推进的,前者赋予后者以现代力量,后者赋予前者以深厚底蕴。

马克思主义基本原理同中华优秀传统文化相结合巩固了文化主体性

马克思主义基本原理同中华优秀传统文化相结合最根本的价值体现在什么地方?对此,习近平总书记在文化传承发展座谈会上指出,"第二个结合"巩固了文化主体性。何为文化主体性?这里的主体性,特指某一主体在文化活动中的重要地位。毫无疑问,这里的主体当然是指中国。因此,文化主体性实质上是指"在文化层面上彰显当代中国作为主体的特殊性质"①,是指中国共产党和中国人民对自身文化发展的高度主动权。习近平总书记强调:"有了文化主体性,就有了文化意义上坚定的自我。"②拥有坚定的自我,更是凸显了中国这个主体在文化活动中的自主性和主动性。"第二个结合"巩固了文化主体性,具体体现为增强了文化自觉、坚定了文化自信、提升了文化自立、推进了文化自强。

其一,增强了文化自觉。何为文化自觉?一般认为,"文化自觉"一词最早由费孝通提出。费孝通认为,文化自觉是指"生活在一定文化中的人对其文化有'自知之明',明白它的来历,形成过程,所具的特色和它发展的趋向"③。他进一步分析,这种文化自觉并不是要复古,也不是要全盘西化,而是为了加强文化转型和文化选择中的主动性以及主动地位。从这一角度来看,"第二个结合"正是如此。它深刻总结文化发展的历史规律,提出文化传承发展的方法,强调守正不守旧、尊古不复古,坚持古为今用、洋为中用,大大增强了中华民族的文化自觉。首先,"第二个结合"是文化传承发展的重要途径和方法。中华优秀传统文化源远流长、博大精深,是中华文化的根脉。但其归根到底是古代小农经济的产物,要使其跟上时代步伐,在当代继续发挥巨大作用,就必须在马克思

---

① 刘同舫:《"第二个结合"与文化主体性的巩固》,《思想理论教育》2024年第1期。
② 习近平:《在文化传承发展座谈会上的讲话》,《求是》2023年第17期。
③ 费孝通:《反思・对话・文化自觉》,《北京大学学报(哲学社会科学版)》1997年第3期。

主义这个魂脉的指导下，实现创造性转化和创新性发展。二者互相作用，互相成就，造就一个新的文化生命体，实现中华文化的新生。其次，"第二个结合"是对文化建设的规律性总结与认识。"第二个结合"不仅是理论逻辑上的必然结论，还是在对近代以来中国文化发展历史进行深刻总结的基础上得出的规律性认识。鸦片战争以后，中国逐步沦为半殖民地半封建社会。面对西方在文化领域的进攻，建立在小农经济基础之上的中国传统文化，在西方先进的资本主义文化面前败下阵来。中国人苦苦寻找文化发展的出路，直到马克思主义传入中国，才逐渐掌握了文化发展的主动权，在精神上由被动转为主动。中国共产党深刻认识到，马克思主义在中国的传播和发展，必须经由一定的民族形式才能够实现，必须同中华优秀传统文化相结合。正是因为坚持"第二个结合"，中国共产党领导人民创造了革命文化和社会主义先进文化，真正推动了中华文化在当代中国的大发展大繁荣。再次，"第二个结合"实现了马克思主义中国化时代化新的飞跃。党的十八大以来，以习近平同志为主要代表的中国共产党人坚持"第二个结合"，立足新时代中国实际，充分汲取中华优秀传统文化中的精华养分，创立了习近平新时代中国特色社会主义思想。从其科学的世界观和方法论，到治国理政的智慧和布局，习近平新时代中国特色社会主义思想闪耀着"第二个结合"的光辉，是中华文化和中国精神的时代精华，实现了马克思主义中国化时代化新的飞跃。

其二，坚定了文化自信。何为文化自信？顾名思义，文化自信就是对自身文化的价值有着高度的认识和肯定，以及对自身文化发展的坚定信心。文化自信是一个国家、一个民族立得住、站得稳、行得远的最大底气。一个民族的文化自信，往往需要经历长期的历史过程，需要经历岁月的反复淘洗和沉淀，需要对自身文化成果有着深刻的总结和继承，还需要对本民族优秀传统文化怀有足够礼敬。"第二个结合"的提出，标志着党的文化自信达到了新的高度。"第二个结合"指出文化自信的重要来源、突出内容和提升路径，大大坚定了中华民族的文化自信。首先，"第二个结合"指出了文化自信的重要来源。习近平总书记指出："中华优秀传统文化是中华文明的智慧结晶和精华所在，是中华民族的根和魂，是我们在世界文化激荡中站稳脚跟的根基。"[①] "第二个结合"充分肯定了中华优秀传统文化的重要作用，指出中华优秀传统文化是我们民族的自信之基、力量之源，是中华文明数千年来生生不息的精神力量，是中华民族历经千难万险依然屹立于世界民族之林的精神支柱。其次，"第二个结合"指出了文化自信的突出内容。中华优秀传统文化中丰富的哲学智慧、历史经验、人生价值、治国理念，是中华文明特有的精神标识，充分体现了中华民族自强不息的奋斗精神和饱含智慧的无穷创造力。再次，"第二个结合"揭示了文化自信的提升路径。要立足中华民族伟大历史实践和当代实践，坚持用中国道理总结好中国经验，加快构建中国特色哲学社会科学；坚持把中国经验提升为中国理论，不断推进马克思主义中国化时代化；坚持用中国理论回答好中国问题，为新时代中国特色社会主义伟大实践提供科

---

① 《习近平关于社会主义精神文明建设论述摘编》，中央文献出版社 2022 年版，第 236 页。

学理论指导。

其三，提升了文化自立。何为文化自立？立，就是要立足和扎根中国大地。文化自立就是强调作为文化主体的中国共产党和中国人民，以中国的优秀传统文化为滋养，以中国的社会实践为根据，排除外来因素的侵蚀和干扰，独立自主发展自己的先进文化。"第二个结合"坚持马克思主义指导，坚持从中国实际出发，充分运用中国传统智慧和文化资源，推动新时代文化发展，帮助我们党牢牢巩固文化领导权，大大提升了中华民族的文化自立。首先，"第二个结合"巩固了马克思主义在意识形态领域中的指导地位。马克思主义是我们立党立国、兴党兴国的根本指导思想，但是马克思主义不是一成不变的教条，它必须随着时代的发展而发展，才能始终保持旺盛生命力；必须结合当地的历史文化条件，才能更好地在本土扎根、传播，保证其作为指导思想的重要地位。"第二个结合"坚持守正创新，用中华优秀传统文化充盈、丰富了马克思主义，推动了马克思主义中国化时代化，使其更能符合中国实际，更能为中国人民所接受、领悟和掌握。这在根本上巩固了马克思主义在意识形态领域的指导地位。其次，"第二个结合"加强了中国共产党和中国人民作为文化主体的实践主动性。党的十八大以来，以习近平同志为核心的党中央科学总结中华文化发展历程，深刻洞悉中华文化发展大势，作出一系列关于文化建设的重要论述，并团结带领全国人民加以实践：强调必须坚持自信自立，中国的问题要立足中国实际，由中国人民自己来回答；强调必须加快构建中国特色哲学社会科学，必须体现继承性、民族性，充分利用好中华优秀传统文化资源，在吸收升华的基础上，使民族性更符合当代中国实际和人类发展要求；强调中国式现代化是赓续古老文明的现代化，而不是消灭古老文明的现代化，是从中华大地长出来的现代化，不是照搬照抄其他国家的现代化；等等。再次，"第二个结合"抵御了各类错误思潮的侵扰。习近平总书记指出："我们的同志一定要增强阵地意识。宣传思想阵地，我们不去占领，人家就会去占领。"[1] 面对各式各样的社会思潮、相互碰撞的价值理念、激烈变化的传播态势，"第二个结合"为我们坚持正确的文化建设方向，抵御各类错误思潮的侵扰提供了强大的思想武器：反对任何形式的文化复古主义，坚持推陈出新、革故鼎新；反对文化全盘西化论，正确对待西方文化，吸收人类文明一切有益成果，为我所用；反对西方在意识形态领域的和平演变，坚守社会主义文化建设的正确方向，增强中华文化在国际上的影响力。

其四，推进了文化自强。何为文化自强？进入新时代，中国人民迎来了从站起来、富起来到强起来的伟大飞跃。要真正实现强起来，不仅在物质层面要强，在精神层面也要强。文化自强，就是指中华民族依靠自己的努力，使自身在精神文化领域强起来。"第二个结合"是我们党对中华文明发展规律的深刻把握，为我们提供了一条在精神层面实现强起来的正确路径，为我们担负起新的文化使命指明了正确方向，大大推进了中华民族的文化自强。首先，"第二个结合"对推动文化繁荣有重要意义。勤劳勇敢的中国人民创造

---

[1] 《习近平关于社会主义精神文明建设论述摘编》，中央文献出版社2022年版，第67页。

了灿烂辉煌的中华文化，开创了文化繁荣的美好景象。中华优秀传统文化滋养了一代代中国人，塑造了中国人的精神气质，满足了中国人的精神需求。如今，在新时代推进文化发展繁荣，中华优秀传统文化依然存在巨大价值。"第二个结合"将中华优秀传统文化的巨大价值充分彰显和发挥出来，使之与现代社会相适应，与社会主义核心价值观相协调，与当今时代发展与人民需求相符合，为社会主义文化大发展大繁荣提供源源不绝的养分。其次，"第二个结合"对建设文化强国有重要意义。习近平总书记指出，要"推动中华优秀传统文化创造性转化、创新性发展，继承革命文化，发展社会主义先进文化，不断铸就中华文化新辉煌，建设社会主义文化强国"[①]。国家的强盛，既要看经济军事等硬实力，也要看文化软实力。建设社会主义文化强国，是全面建设社会主义现代化国家的题中应有之义，而"第二个结合"是建设社会主义文化强国的重要途径。中华优秀传统文化中刚健有为、自强不息的精神气质激励着一代代中国人面对困境百折不挠，是刻在中国人骨子里的文化基因。今天，面对艰巨繁重的建设任务，中华优秀传统文化依然是中国人迎难而上的动力之源，"第二个结合"为建设文化强国提供了坚实的历史文化基础。再次，"第二个结合"对建设中华民族现代文明有重要意义。习近平总书记指出："中华优秀传统文化是中华文明的智慧结晶和精华所在，是中华民族的根和魂，是我们在世界文化激荡

[①]《习近平关于社会主义精神文明建设论述摘编》，中央文献出版社2022年版，第30页。

中站稳脚跟的根基。"① 建设中华民族现代文明，是推进中国式现代化的必然要求。中国式现代化是赓续古老文明的现代化，而不是消灭古老文明的现代化。要赓续古老文明，就必须使中华文明从适应自然经济的传统状态转变为适应工业社会的现代状态。"第二个结合"打通了中华优秀传统文化与现代文明相适应的关键渠道，使传统的成为现代的，更好地构筑起中国精神、中国价值、中国力量。

文化兴则国运兴，文化强则民族强。当今世界正经历百年未有之大变局，"源浚者流长，根深者叶茂"。站在历史的交汇点，在全面建成社会主义现代化强国、实现第二个百年奋斗目标的新征程上，我们应充分认识中华优秀传统文化的重要价值，坚定文化自信、历史自信，大力推进中华优秀传统文化的研究与传承。要坚持马克思主义理论的科学指导，透过表象看历史，深入挖掘中华优秀传统文化的精神标识和文化精髓，把马克思主义基本原理同中华优秀传统文化精髓融会贯通，进行创造性转化和创新性发展，赓续中华文脉，谱写当代华章。要深刻把握中华优秀传统文化的当代价值，充分发挥中华优秀传统文化的引领作用，把马克思主义基本原理同中国具体实际、同中华优秀传统文化相结合，坚定不移推进马克思主义中国化时代化，在守正中创新，在传承中发展，讲好"第二个结合"故事，更好推进中华民族现代文明的发展。

在中华人民共和国成立 75 周年、中山大学成立 100 周年之际，中山大学中共党史党建研究院组织专家学者撰写的理解和推进"第

---

① 《习近平关于社会主义精神文明建设论述摘编》，中央文献出版社 2022 年版，第 236 页。

二个结合"丛书的出版,具有重要的政治意义和纪念意义。同时,这套丛书是国家社科基金重大招标项目《以"两个结合"继续推进马克思主义中国化时代化研究》(项目编号:23ZDA006)阶段性成果,具有一定的学术意义。

希望这套丛书在深化对党的二十大精神、文化传承发展座谈会精神和习近平文化思想研究阐释方面立新功,在深化对"第二个结合"研究方面谋新篇,在推动讲好中华优秀传统文化故事、中国共产党故事等方面探新路。

是为序。

张 浩

中山大学中共党史党建研究院执行院长

目 录

第一章 / 001
民为邦本的历史根脉和思想演进

第一节	民为邦本的内涵阐释	003
第二节	民为邦本的历史渊源	010
第三节	民为邦本的思想精髓	059

第二章 / 075
马克思主义理论与民为邦本的契合性

第一节　马克思主义历史观与民为邦本的本质属性相契合············ 079

第二节　马克思主义实践观与民为邦本的实践路径相契合············ 092

第三节　马克思主义的共产主义理想与民为邦本的价值追求
　　　　相契合·· 105

I

第三章 / 117
中国共产党对民为邦本的不懈求索

第一节　新民主主义革命时期践行民为邦本⋯⋯⋯⋯⋯⋯⋯⋯　119

第二节　社会主义革命和建设时期践行民为邦本⋯⋯⋯⋯⋯⋯　136

第三节　改革开放和社会主义现代化建设新时期践行民为邦本⋯⋯　155

第四章 / 163
新时代新征程继续践行民为邦本

第一节　坚持人民至上：把人民放在心中最高位置⋯⋯⋯⋯⋯⋯　166

第二节　增进人民福祉：扎实推动全体人民共同富裕⋯⋯⋯⋯⋯　181

第三节　人民当家作主：人民是历史前进的根本动力⋯⋯⋯⋯⋯　195

第一章

民为邦本的历史根脉和思想演进

第一章
民为邦本的历史根脉和思想演进

第一节 民为邦本的内涵阐释

"民为邦本"典出《尚书·五子之歌》,原文为"民惟邦本,本固邦宁"。大意是说,民众是国家的根本,根本稳固了国家才能安定。相传,夏朝天子太康居天子之位却不理天子之事,贪图安逸和游乐,百姓纷纷背叛他。太康在洛水打猎时,羿趁机作乱阻止太康回朝。太康的五个兄弟,每人借大禹的训诫作一首歌批评太康,第一首便是:"皇祖有训:民可近,不可下。民惟邦本,本固邦宁。"民为邦本思想不但影响深远,而且历史悠久,其发展几乎伴随着五千多年的中华文明一路走来,具有丰富的内涵。

一、"民"为何意

"民"是会意字。其甲骨文字形中,"民"字由上下两部分组成。上面是一只眼睛的形状,下面是一把锥子的形状,会意表示用锥子刺瞎眼睛。金文字形和甲骨文类似,也是一幅用锥子刺瞎眼睛的图画,只是"眼睛"更为线条化,而"锥子"则趋于实化。上古时期,

读懂民为邦本

残暴的奴隶主迫害奴隶（尤其是战俘）的方法多种多样，那些企图反抗者常常会遭遇被活埋、刑杀的命运，而能幸免于难的，往往会被刺瞎一只眼睛，充作苦力。"民"字的构形，从一个侧面反映了这种社会现实。"民"的本义就是被刺瞎了眼睛的奴隶。

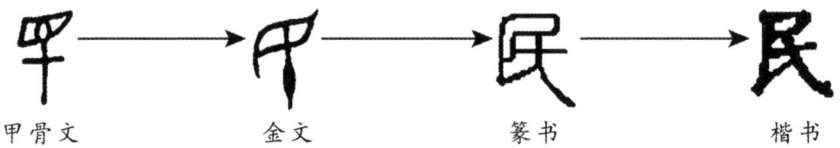

因为奴隶是被统治者，广义上的"民"，引申为庶民百姓，指所有不具备官方身份的人，是一个整体性的概念①，又称"黎民""万民""烝民"等。《尚书·尧典》中云："百姓昭明，协和万邦，黎民於变时雍。"百官中的失误处理妥善，各个邦族团结一致，天下臣民在尧帝的教育之下，自然可以和睦相处。《尚书·盘庚》中记载："尔谓朕曷震动万民以迁，肆上帝将复我高祖之德，乱越我家。"盘庚在迁都后，面对群臣"为什么要兴师动众地让无数臣民迁到远处去"的责问，表示此举是上天将要恢复成汤的大业，治理国家。《诗经·大雅·烝民》中写道："天生烝民，有物有则。"其中"烝"指"众"，烝民即众民，大意是上天造就众民，孕万物来育法则。正是由于其整体性，民才作为一种与君权相对立的"强权"力量存在。

"民"在不同时代的具体情境中，有着特定的意思。《管子·任法》云："夫生法者，君也；守法者，臣也；法于法者，民也。"从立法、执法和守法三个角度将君、臣、民区分开来。《穀梁传·成

---

① 诸凤娟：《民本思想的发展逻辑及其当代价值》，浙江大学出版社2012年版，第25页。

第一章
民为邦本的历史根脉和思想演进

公》从职业上将民划分为四大职业，分别是"有士民，有商民，有农民，有工民"。由于农民是中国历史上民众的主体，所以部分历史文献将民指代为农民，如"无夺民时，则百姓富"（《国语·齐语》），"民事不可缓"（《孟子·滕文公上》），"民用莫不震动，恪恭于农"（《国语·周语上》）等。

"民"的概念常常与"君"相对立，"君"又与"天"相联系。《尚书·蔡仲之命》中写道："皇天无亲，惟德是辅；民心无常，惟惠之怀。"大意是只有具备了"德"，才可以得到上天的照顾，只有"惠"于民，才可以受到民众的爱戴。关于"天与君"的关系，一方面，指出"天"或"天命"是君主统治合法性的决定性要素，而"天"是否授予"天命"的依据，则在于君主是否有"德"；另一方面，强调"天"是从民的立场考察君主的"德"，君主的"德"表现为注重民生。《尚书·皋陶谟》中写道："天聪明，自我民聪明。天明畏，自我民明威。达于上下，敬哉有土。"大意是上天听取意见、观察问题，都是根据百姓的态度；上天表彰好人、惩罚坏人，也是依据百姓的态度；上天和下民之间是互相通达的，所以只有勤政爱民，才能保持住国土。关于"天与民"的关系，一方面，"天"对君主的考察是通过民来实现的，另一方面，"天"对民的护佑是通过选择有"德"君主进行统治来实现的。

由此可见，天是君与民之间的中介。民是注重民生的有德之君获得国家政权并且维护统治的根本力量。借助超越性的"天"，"民为邦本"的古训才真正获得理论上的普遍性和实践上的权威性，也才能真正落实到现实的政治理念之中。

二、何为"邦本"

"邦"是会意字。其甲骨文字形的下面是一块田,上面是一棵树,表示植树为界,界线以内即为"邦国",可见"邦"就是"分封的诸侯国"的意思。甲骨文中,邦与封时常混用、通假,兼之边界的出现往往源自帝王划分,《尚书·蔡仲之命》曰:"叔卒,乃命诸王邦之蔡。"其中的邦就是"封"之意。"邦"字的金文发生了较大的变化,随着时代发展,古人建造了更多的城池,人口大量聚居的"邑",显然比"田"更能体现其作为"国家"的特征,于是后来邦字变为"高大树木+邑",最终"邑"演变为双耳旁"阝",就成为现在的"邦"字。

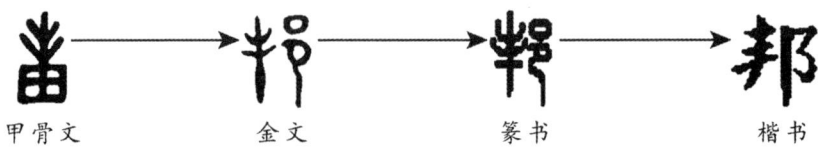

因此,"邦"的本义是古代诸侯封国。《诗经·大雅·皇矣》中记载:"王此大邦,克顺克比。"这里的"王"是指管辖统治,大意是统治这个大国,由诸侯封国引申泛指整个国家。《尚书·五子之歌》:"民惟邦本,本固邦宁。"大意是百姓是一个国家的根本,根本巩固了,这个国家才能安定。又如:"我国自古是礼仪之邦。"这里的"礼仪之邦",指的就是讲究礼节和仪式的国家。《说文解字·邑部》中解释:"邦,国也。"

与"本"相关的解说有"本,木下曰本。从木,一在其下"(《说文解字·木部》);"不丧本茎"(《吕氏春秋·辨土》),这里的

第一章
民为邦本的历史根脉和思想演进

"本"就是"根"的意思;"本,干也"(《广雅·释木》)。从这几处"本"的解释出发,可以获得两层意思:一是意味着初始,二是意味着基本、要害。"本"经常在古代思想文献中出现,这意味着古代思想家有一种本源、本质的思维,善于通过考察事物的本源、本体来解释事物,也善于抓住关键和主要矛盾解决问题。如《论语·学而》中说"君子务本,本立而道生",《荀子·致士》中说"国家之本作也"。"务本""本作"就是说成大事者要善于区分轻重缓急,提纲挈领,抓住关键。古代思想家将这种务本的思维用于各个领域,比如认识自然,谓天地乃"生之本""性之本";认识宗族,谓宗子(族长)为本;认识道德,谓孝为本;认识政治,谓民为本。

因此,"邦本"意味着"国家的来源、根本和基础",指国家发展的决定性力量。当说到国家的来源、根本和基础时,人们认为"民为国本";在讨论政治的首脑、主体和关键时,人们认为"君为政本"。二者是相互依托的关系,离开了众民这个"本",元首这个"末"也就失去了存在的条件,因此君主必须"顺天立本",重视民生。

三、"民"何以为"邦本"

"民为邦本"由"民惟邦本"而来,"惟"的本义为"是",表判断,用以揭示人民是国家的根基。它首先肯定民众是国家的根本和社会财富的创造者。正是民众创造了财富,为社会政治各项生活提供了经济基础。周宣王时期的虢文公认识到这一点,《国语·周语上》中记载:"夫民之大事在农,上帝之粢盛于是乎出,民之蕃庶于是乎生,事之供给于是乎在,和协辑睦于是乎兴,财用蕃殖于是乎始,敦庬纯固于是乎成。"大意是民众创造了基本的生活资料,国家各项政务有赖于此才得以开展。《孟子·滕文公上》中,孟子进一步将此认识总结为"治于人者食人,治人者食于人",将历史还原为统治者实是民众所供养的事实。因此,统治者对民众的态度关涉国家兴衰。

春秋战国是中国历史上礼崩乐坏、秩序失落的时代,整个时代都充斥着战争,政治动荡。在这动荡无定的时代,政治家和思想家不约而同地发现,民众是决定战争胜负的重要力量,这也是民为邦本的具体体现。《韩非子·心度》中云"用兵者,服战于民心",表明先秦法家重视富国强兵,而强兵的关键在于强"心"。《战国策·燕一·燕王哙既立》中记载,子之执政三年,燕国大乱,百姓痛恨子之。在齐宣王的鼓动下,太子平急招党徒,聚集人众,将军市被围攻王宫,攻打子之,没有攻下。后将军市被和百姓一道攻打太子平,两场动乱持续了几个月,死去的人达几万人之多。燕国人都痛恨这场内乱,民心离散。在此情景下,齐国攻打燕国,燕国"士卒不战,城门不闭",齐国大胜。孟子在《孟子·梁惠王下》中评论道"以万乘之国伐万乘之国,五旬而举之",乃因"燕虐其民,王往而征之,民以为将拯己于水火之中也,箪食壶浆以迎王师"。可见,民心向背决定了齐胜燕败。

任何思想的提出都会受到具体历史条件的限制,民为邦本思想产生于君主制时代,其思想结构不可能脱离这一现实。民为邦本承

第一章
民为邦本的历史根脉和思想演进

诺了民众作为政治目的的地位,但并未赋予民众政治主体的权利。在古代的政治观念中,民众通常被看作愚昧无知的,不具备参与政治实践的能力,只能被动接受"圣君贤相"的恩惠施与。在这一点上,董仲舒的说法具有代表性。他一方面在《春秋繁露·尧舜不擅移、汤武不专杀》中强调"天之生民,非为王也;而天立王,以为民也";另一方面在《春秋繁露·深察名号》中表示"民者,瞑也",有待于圣王的教化。因此,民为邦本思想内在包含着一种精英主义的政治倾向,普通民众因其现实能力的缺失只能被动接受"先知先觉者"的护佑与教化,而无法主动参与现实的政治治理。

不过,民为邦本思想的关键和精义,并不在于强化君主的权力,而在于将作为被统治者的广大民众纳入现实的政治运行逻辑中,从而在一定程度上限制君主权力的肆意妄为。在儒家思想脉络中,民为邦本的价值理念才是最重要的。秦汉以降,天命或阴阳灾异始终是儒家士大夫佐戒君主、约束君权的常用话语模式。换言之,民为邦本思想是儒家学者面对君主专制的强大力量,为天下民众争取生存权利的理论建构,是以价值理念规训政治权力的一种努力。从更为抽象的意义来看,民本思想中"天"的维度的存在,在一定意义上是对全体天下人的一种超越性表达,其目的是凸显天作为信仰的意涵。以天道信仰为内容的政治,就是从根本上和整体上呼应全体人民需求的政治信仰。①

---

① 张志强:《加快构建新时代广泛而统一的中国特色哲学体系》,《哲学研究》2021年第5期,第13—22页。

第二节 民为邦本的历史渊源

一、古代中国民为邦本思想的演变历程

虽然先秦的统治集团总体上仍然迷信天命和鬼神，但民为邦本思想已经萌发，经春秋战国时期诸子百家的争鸣与嬗变真正确立起来，并在封建帝制时期经过融合、发展和实践，不断实现思辨化和高度哲理化，成为君王统治长治久安的归宿。

（一）先秦时期：民为邦本思想的起源与发展

中国传统民本思想自尧、舜时期就已经初见端倪，《史记·五帝本纪》记载，尧、舜、禹之间的禅让，都是基于民意而做出的决定。历史实践亦证明，只有民意支持下的首领，才能真正号令四方。夏、商、周三代之际，远古的民为邦本思想又得到进一步孕育和发展，后经由先秦诸子熔旧铸新，形成儒、墨、道、法等多种学派并存的民为邦本思想，构成了古代中国民为邦本思想的核心理论框架。

1. 夏、商时期：民为邦本思想的孕育与萌芽

史书记载，尧、舜、禹安民、养民、顺民、征求民众的意见，虽然带有一定的迷信思想，但依旧是中国传统民为邦本思想的重要源头。

《尚书·尧典》中记载，尧帝因汹涌猛烈的洪水泛滥成灾，忧天

第一章
民为邦本的历史根脉和思想演进

下的百姓困苦不堪,"下民其咨,有能俾乂?"询问群臣谁能使洪水得到治理。退位之际曰,"朕在位七十载,汝能庸命,巽朕位",征求群臣关于下一任首领的意见。大家推荐舜,表示舜的父亲心术不正,母亲善于说谎,弟弟象十分傲慢,但舜能与他们和睦相处,用自己的孝行美德感化他们。于是尧帝将自己的两个女儿嫁给舜以考验他的德行。舜处理政务,推行德教,教导臣民以父义、母慈、兄友、弟恭、子孝五种美德指导自身的行为,臣民听从这种教导而不违背;总理百官,百官都服从命令,百事振兴而不荒废;接待四方诸侯,诸侯都能和睦起来;最后,舜进入山麓的森林中,即使遇到风雨也不曾迷失方向。舜通过了尧帝的考验,登上帝位。由此可见,尧帝在位期间,听取民众的意见,用三年时间精心挑选接班人,得到民众的爱戴,当尧帝死时,"百姓如丧考妣",十分伤心和着急。

《尚书·皋陶谟》中记载,舜在位期间,询问皋陶怎样才能做到"允迪厥德,谟明弼谐",即诚信地遵循尧帝的德行,君主就能做到决策英明,群臣也可以同心同德。皋陶答曰,"慎厥身,修思永""在知人,在安民",强调严格要求自身,坚持不懈地提升自身的修养,最重要的还是知人善任,把臣民治理好。舜恍然大悟,曰:"安民则惠,黎民怀之。"传说上古时期,"洪水滔天,浩浩怀山襄陵,下民昏垫",也就是大水几乎将天空遮蔽,那浩大的洪水,包围了大山,冲上了陵冈,连人都被洪水吞没了。尧帝曾派鲧治水九年,鲧建造了很多堤坝阻挡洪水,结果都被洪水冲毁了,水灾越来越严重。舜继位后,以治水不力将鲧处死,任命鲧的儿子禹继续治水。禹吸取了父亲治水失败的教训,确立了与其相反的方法——改堵为疏，以疏导的方法，使水向低洼的地方流泄。经过十三年的努力，禹终于治住洪水，被水淹没的山头露出水面，沧海变成桑田，人们筑室而居，过上了安定富足的生活。禹身先士卒，为民兴利，上古时期萌生的民为邦本思想开始进一步发展。

《尚书·五子之歌》中记载："皇祖有训，民可近，不可下，民惟邦本，本固邦宁。"太康失去帝位后，由其弟中康继位，夏朝得以延续。到了禹的第十代孙桀，此人残忍暴戾、作恶多端，成汤革命，讨伐暴君，以商代夏。商朝的第二十位君王盘庚为避水害，不顾大臣反对，将国都迁到殷。《尚书·盘庚上》云"重我民，无尽刘"，主张重民、保民，不让民众受到伤害。

2. 西周至春秋时期：传统民为邦本思想体系的初步构建

在中国思想史上，西周时期就已有"敬天保民"的思想，将民意上升到天意的高度。周初统治者反思商朝灭亡的教训，认识到民众是决定王朝命运的关键力量，天命不可靠，民心才可畏。《尚书·周书》中记载，西周杰出政治家周公提出"敬德""保民"，强调"以德配天"，要求国君"知稼穑之艰难""闻小人之劳"。周公的德政思想是当时民为邦本思想的最高表现。在周公的治理下，周初的"成康之治"成为著名的盛世而载入史册，周公也成为中国历史上无可置疑的圣人。正是以他为代表，这一时期的德治、礼制和民本思想结合起来，建立起影响深远的东方礼乐制度，在此制度下民为邦本思想得以进一步孕育和发展。

西周时期，惠民利民，不困民财等民为邦本举措开始成为社会

第一章
民为邦本的历史根脉和思想演进

上的广泛认知。《尚书·泰誓》中就记载了周武王"惟天惠民,惟辟奉天"的看法。《尚书·无逸》中也记载了周公"能保惠于庶民,不敢侮鳏寡"的训诫。《国语·周语》中记载,周穆王的卿士祭公谋父也曾劝谏周穆公要实施利民措施:"先王之于民也,懋正其德而厚其性,阜其财求而利其器用",大意是先王对于百姓,勉励他们端正品德,使他们的性情更加宽厚,扩大他们的财源,改进他们的工具。至周宣王之时,宣王"不籍千亩",不遵守西周以来的祭天制度,放弃亲自执行天子耕籍田的祭祀之礼,以至于"匮神乏祀而困民之财",也就是供神的祭品匮乏而阻塞民众的财路。在丧失了南国之师后,周宣王又准备"料民于太原",仲山父对此坚决反对。他指出:"治民恶事,无以赋令。且无故而料民,天之所恶也,害于政而妨于后嗣。"宣王不听劝谏。到了周幽王时期,"水土无所演,民乏财用",加上周幽王"迷乱弃德",最终导致了西周王朝的覆灭。

西周灭亡之后,平王东迁,是为东周,又称春秋战国时期。西周王朝的覆灭使当时的统治阶层极为震动,他们进一步意识到民众的重要性,也更加注重"德""仁""礼""义"在促使民众归附、获得民众支持中所起的作用。春秋时期,鲁国的正卿臧哀伯指出,为君者应该"有恤民之心"(《春秋左氏传·庄公十一年》)。晋国大臣赵成子认为,"夫先王之法志,德义之府也。夫德义,生民之本也""以德纪民,其章大矣,不可废也"(《国语·晋语》)。丕郑也指出:"惑则误民,民误失德,是弃民也。民之有君,以治义也。义以生利,利以丰民。"(《国语·晋语》)虞国的宫之奇在劝谏国君的时候也说道："鬼神非人实亲，惟德是依。故《周书》曰：'皇天无亲，惟德是辅。'又曰：'黍稷非馨，明德惟馨。'又曰：'民不易物，惟德繄物。'如是，则非德民不和、神不享矣。"《国语·周语》还有记载："（周惠王）十五年，有神降于莘，王问于内史过曰：'是何故，固有之乎？'对曰：'有之。国之将兴，其君齐明衷正，精洁惠和，其德足以昭其馨香，其惠足以同其民人。神飨而民听，民神无怨，故明神降之，观其政德而均布福焉。'"由此可见，自西周时期以来，"恤民为德"的主张已经为当时各诸侯国的统治者所公认。

此外，春秋时期的统治者更加注重采取富民、利民、惠民等民本举措，使民众富裕；同时，他们主张轻徭薄赋，不困民财，以达到维护其统治的目的。如周平王在赏赐晋文侯秬鬯圭瓒的时候，就告诫他："惠康小民，无荒宁。简恤尔都，用成尔显德。"管仲在辅佐齐桓公时就指出"相地而衰征""无夺民时，则百姓富"。《春秋左氏传·文公十三年》中也有记载邾文公对利民举措的重视："邾文公卜迁于绎。史曰：'利于民而不利于君。'邾子曰：'苟利于民，孤之利也。天生民而树之君，以利之也。民既利矣，孤必与焉。'左右曰：'命可长也，君何弗为？'邾子曰：'命在养民。死之短长，时也。民苟利矣，迁也，吉莫如之！'遂迁于绎。五月，邾文公卒。君子曰：'知命。'"《国语·楚语》记载了伍举对楚灵王建造章华台的评价，他认为楚灵王建造章华台是"敛民利以成其私欲，使民蒿焉忘其安乐，而有远心，其为恶也甚矣"。由此可见，两周之际，利民、富民、养民、爱民、轻赋薄敛的主张已经得到统治阶层的认可。

3. 先秦诸子百家：民为邦本思想的争鸣与嬗变

周平王东迁以后，周天子式微，权力下移，群雄争霸，旧的社会权力逐渐瓦解，新的社会政治结构逐渐形成。各诸侯国不再绝对臣服于周天子的号令，开始依据实际国情、民情等来实施相应的政治举措。这就导致不同国家之间的政治举措大不相同，民为邦本思想也呈现出不同特征。随着社会的发展，不同诸侯国、不同学派的民为邦本思想的侧重点也不同，继而造就了诸子百家思想的产生与争鸣。在这一时期，民本思想正式系统化和体系化，其中又以法、道、儒、墨、兵等几个学派的民为邦本思想影响较大。

（1）先秦法家的民为邦本思想

李悝，战国初期著名法学家、政治家，所著《法经》被认为是中国历史上第一部较为完整的成文法典，标志着我国的成文法典开始系统化，同时标志着法家学说正式开始形成，并开始被统治阶层所接纳。李悝曾任魏文侯相，主持变法。经济上推行"尽地力"和"善平籴"的政策，鼓励农民精耕细作，提高产量。国家在丰年以平价购买余粮，荒年以平价售出，以平粮价；主张同时播种多种粮食作物，以防灾荒。政治上实行法治，废除维护贵族特权的世卿世禄制度，奖励有功国家的人，使魏国成为战国初期强国。虽然李悝变法的目的在于富国强兵，试图称霸，但他在一定程度上考虑了民众的基本条件，制定利民政策，保护民众不受伤害。

商鞅，战国时期思想家、政治家、军事家、改革家，法家代表人物。他主张尊君而重法，力图通过富国强兵实现领土扩张，同时，他清醒地认识到，民众的力量是决定这些目的能否实现的最关键因素。因此,《商君书·更法》中记载:"法者所以爱民也,礼者所以便事也,是以圣人苟可以强国,不法其故;苟可以利民,不循其礼。"大意是法度是用来爱护百姓的,礼制是为了方便办事的。所以圣明的人治理国家,如果能够使国家富强,就不必沿用旧有的法度。如果能够使百姓得到益处,就不必去遵循旧的礼制。由此可见,商鞅通过法令来维护民众的利益。推行法令制度的过程并不容易,《史记》中记载了商鞅立木的故事:商鞅变法的条令已准备就绪,还没公布,商鞅担心百姓不相信自己,于是命人在都城市场南门前放置一根高三丈的木头,招募能搬到北门的人,给予十金。百姓看到后感到奇怪,没有人敢去搬木头。商鞅又说:能搬木头的人赏五十金。有一个人搬了木头,商鞅就给了他五十金,以此来表明没有欺骗百姓。最终法令颁布。这时太子也触犯了法律,商鞅说:新法不能顺利施行,就在于上层人士带头违犯。太子是国君的继承人,不能施以刑罚,便将他的老师公子虔、公孙贾分别处以刑罚,以示惩戒。第二天,秦国人听说此事,都遵从了法令。新法施行十年,秦国人非常高兴,秦国的路上没有人拾别人丢的东西据为己有,山林里也没了盗贼,家家富裕充足,百姓勇于为国作战,不敢再行私斗,乡野城镇都得到治理。

同时,商鞅指出,富国强兵与农战分不开,重视生产,推行重农抑商,均贫富。《商君书·说民》中云:"故贫者益之以刑,则富;富者损之以赏,则贫。治国之举,贵令贫者富,富者贫。"大意是对穷人用刑罚,迫使他们务农以增加收入,这样就会富足;对富裕的人鼓励他们用钱财换取爵位,使他们减少财富,就会变穷,以此来

第一章
民为邦本的历史根脉和思想演进

缩小贫富差距。此外,《商君书·赏刑》中记载:"所谓一刑者,刑无等级,自卿相、将军以至大夫、庶人,有不从王令、犯国禁、乱上制者,罪死不赦。""一刑"理念的出现,是法律面前人人平等理念的初步探索,在民为邦本思想发展史上有极为重要的意义。

韩非子,战国末期著名思想家,韩王之子,荀子的学生。他处于诸侯争霸的时代,局势动荡,动乱频繁。韩国与秦国多次交战,韩国屡战屡败,国力渐衰,韩非子多次上书进谏,提出实行变法、增强国力,但韩王均不采纳。韩非子便把自己的法家思想主张与韩国的实际情况结合起来,写下《说难》《说林》《内储说》《外储说》等文章,后收录于《韩非子》这本著作中。《史记·老子韩非列传》记载,"喜刑名法术之学,而其归本于黄、老",揭示韩非子的民为邦本思想与老子有一定关联。同老子一样,韩非子主张无为而治。《韩非子·解老》中云:"治大国而数变法,则民苦之。是以有道之君贵静,不重变法。故曰:'治大国者若烹小鲜。'"大意是治理大国而屡屡改动法令,百姓就会受到坑害。因此懂得治国原则的君主把安定看得很宝贵,法令确定以后,不再轻易变更。所以《老子》说,治理大国就像烹煮小鱼一样。只是韩非子的"无为"与老子有所区别,其无为而治的思想含有以"势"治人的含义,主张君无为而臣有为。

《韩非子·五蠹》中记载:"且民者固服于势,寡能怀于义。"大意是百姓一向屈服于权势,很少有人会被仁义感化。他反对儒家、墨家称颂君王对待百姓要像父母爱子女一般的观点,指出君主之爱难比父母之爱,父母之爱下尚且存在不和睦,何况是用仁义政策治理下的百姓呢？因此，他主张"明王峭其法而严其刑也"，大意是英明的君主总要制定严峻的刑罚并严格执行，做到"是以赏莫如厚而信，使民利之；罚莫如重而必，使民畏之；法莫如一而固，使民知之。故主施赏不迁，行诛无赦，誉辅其赏，毁随其罚，则贤、不肖俱尽其力矣"，强调赏罚分明，法令统一固定，受赏时辅以名誉，受罚时加以恶名，这样，贤能的人或者不贤的人都会尽力而为。

在韩非子看来，建立法治和术治，设置各种规矩，才是对民众有利的，是方便民众的道路。《韩非子·问田》中记载："窃以为立法术，设度数，所以利民萌、便众庶之道也。故不惮乱主暗上之患祸，而必思以齐民萌之资利者，仁智之行也；惮乱主暗上之患祸，而避乎死亡之害，知明而不见民萌之资利者，贪鄙之为也。"当堂溪公引用吴起被分裂肢体、商鞅被五马分尸等案例劝说韩非子在乱世之中保全自身时，韩非子表示，不害怕昏庸的君主所制造的祸患，而坚定地为民众的利益着想，才是仁爱明智的行为。因此，他还在《韩非子·守道》中指出"强不得侵弱，众不得暴寡"，强调法律应该维护社会正义，除暴安良，保护处于弱势的民众不受侵犯。《韩非子·备内》进一步提出轻徭薄赋的观点："徭役少则民安，民安则下无重权，下无重权则权势灭，权势灭则德在上矣。"

纵观法家思想的发展，其立足点是人性本恶，因此需用法律强制约束人性，而非道德礼仪。虽然在具体政策主张上法家与儒家、墨家有出入，但其目的是殊途同归的，都十分重视民情、民心，维护民众的利益，主张君王要得到臣民的效力和爱戴。他们主张立法，引导民众知法守法，为保障民众权益提供了有力途径；虽然尊君，

第一章
民为邦本的历史根脉和思想演进

但从根本上否定了"君权神授"观念,提出"天下公平"的平等理念;取消了"刑不上大夫"的贵族优越性,为普通民众地位的提升铺下了理论和法律的基石。因此,先秦法家的民为邦本思想是中国传统民为邦本思想的重要组成部分,促进了其发展与融合。

(2)**先秦儒家的民为邦本思想**

孔子,春秋时期鲁国人,先秦时期著名思想家、政治家、教育家,儒家学派创始人。春秋时期,诸侯争霸,社会动荡,官学衰败,传统民为邦本思想受到冲击。在这种背景下,孔子查阅古籍,周游列国,对管子的思想评价很高。《论语·宪问》中记载,子贡考虑到齐桓公杀了公子纠,而管仲还去辅佐齐桓公,认为管仲不是仁德的人。孔子答曰:"管仲相桓公,霸诸侯,一匡天下,民到于今受其赐。微管仲,吾其被发左衽矣。岂若匹夫匹妇之为谅也,自经于沟渎而莫之知也。"大意是管仲辅佐桓公,称霸诸侯,匡正天下,人民到今天还受到他们的好处。假如没有管仲,我们这些人早就披散着头发,向左敞开衣襟,成为野蛮人了。他怎么能够像普通男女那样谨守小节小信,自杀于沟壑之中而没人知道呢?由此可见,孔子认可管子的仁德,并将他的思想融入自己的民为邦本思想当中,结合自身实际,形成"养民惠民""从周正名""均贫富""富而教"等主张。

《论语·公冶长篇》中记载,孔子的徒弟子产是著名的政治家,郑国的贤宰相。他执政期间,正是晋国和楚国战乱不息的时候,郑国正处在这两个大国之间。子产既不低声下气,也不妄自尊大,使郑国得到了尊敬和安全。所以,孔子对子产的评价很高,认为治国

读懂民为邦本

安邦的政治家就应该具备子产的这四种道德——"其行己也恭,其事上也敬,其养民也惠,其使民也义",通过"养民""惠民"政策,最终实现"使民"的目的。《论语·子路篇》记载:孔子到卫国去,冉有为他赶车。孔子说:人口真多呀!冉有说:人口已经很多了,又该为他们做些什么呢?孔子说:使他们富起来。冉有说:已经富起来了,再为他们做些什么呢?孔子说:使他们受教育。由此可见,孔子的养民路线是先让民众富起来,再让他们接受教育,成为具有"君子"品性的人。

所有这些都立足于"爱民"的基础上,《论语·学而》中云"节用而爱人,使民以时""泛爱众而亲仁",大意是节约用度,爱护官吏,役使百姓应注意不误农时,广泛地去爱众人而亲近仁者。《论语·雍也》中记载,子贡问孔子:假若有一个人,他能给老百姓很多好处,又能周济大众,应该怎么评价他,他可以称为仁人吗?孔子说:岂止是仁人,简直就是圣人了!就连尧、舜都难做到这一步。至于仁人,就是自己想立身于世,也要帮助别人立身;自己过得好,也要帮助大家一同过得好。凡事能从眼前的实际事情去做,可以说就是实行仁道的方法了。孔子其他关于民本论的言论,都建立在这一认识之上。需要注意的是,在孔子的民为邦本思想中,相对于"人"和"百姓","民"的地位是比较低下的,也就是缺乏智慧、比较"愚"的下层劳动者,即处于被统治和被教化的行列。

孟子,战国晚期著名思想家、哲学家、教育家、政治家,正值兼并正酣之时,商鞅、申不害等尊君重令的行为极为盛行,风气趋向于尊君而贱民,传统的民为邦本思想受到极大压制。在此背景下,

第一章
民为邦本的历史根脉和思想演进

孟子继承孔子"爱民"的思想,并进行超越,将民的重要程度提升到"君"之上,将人民提升到可主导社会进程的重要位置。孟子在《孟子·尽心下》中正告天下:"民为贵,社稷次之,君为轻。是故得乎丘民而为天子,得乎天子为诸侯,得乎诸侯为大夫。"大意是老百姓最重要,土神、谷神次之,君主为轻。因此得到老百姓的拥护,就可以做天子,得到天子的赏识就可以做诸侯,得到诸侯的赏识就可以做大夫。如果"上慢而残下",民便可"反之",如遇"残贼之人",民众就可以名正言顺地将其诛杀。

孟子"民为贵"思想的提出,实际上是对"君权天授"的一种否决,民为贵理论的提出将统治者的根本利益出发点引向了维护民众的根本利益,同时将权力的终极来源也赋予了民众,为真正的民为邦本思想提供了立足点和理论支撑,是传统民为邦本思想进程中的一座里程碑。

在"民贵君轻"思想的引领下,孟子进一步继承发展孔子的思想,提出"富民""养民""教民""顺民""与民同乐"等一系列主张。《孟子·公孙丑上》记载:"民之憔悴于虐政,未有甚于此时者也。"诸侯兼并战争不休,战死、饿死、冻死的民众不计其数,孟子看到民众生存的困境,在《孟子·梁惠王上》中主张休战养民:"不违农时""使民养生丧死无憾也""不嗜杀人者能一之"。在《孟子·尽心上》中强调轻徭薄赋、善教:"易其田畴,薄其税敛,民可使富也。食之以时,用之以礼,财不可胜用也。""仁言不如仁声之入人深也,善政不如善教之得民也。善政,民畏之;善教,民爱之。善政得民财,善教得民心。"在《孟子·梁惠王下》中对齐宣王讲述:"今王鼓乐于此,百姓闻王钟鼓之声,管籥之音,举疾首蹙頞而相告曰:'吾王之好鼓乐,夫何使我至于此极也?父子不相见,兄弟妻子离散。'今王田猎于此,百姓闻王车马之音,见羽旄之美,举疾首蹙頞而相告曰:'吾王之好田猎,夫何使我至于此极也?父子不相见,兄弟妻子离散。'此无他,不与民同乐也。今王鼓乐于此,百姓闻王钟鼓之声,管籥之音,举欣欣然有喜色而相告曰:'吾王庶几无疾病与,何以能鼓乐也?'今王田猎于此,百姓闻王车马之音,见羽旄之美,举欣欣然有喜色而相告曰:'吾王庶几无疾病与,何以能田猎也?'此无他,与民同乐也。"大意是如果齐王听音乐、打猎时,百姓都感到头疼,说明齐王没有"与民同乐";反之,如果齐王听音乐、打猎时,百姓都很高兴,说明齐王"与民同乐"。孟子进一步强调,如果君主能做到与民同乐,"则王矣",那称王于天下又有何难呢?

荀子,战国末期赵国人,继孔孟之后又一位儒家思想的集大成者。荀子在继承孔、孟民为邦本思想的基础上,结合自己所处的社会环境发展了儒家民为邦本思想,形成"节用以礼,裕民以政""尊君重民"等理论。荀子重礼,《荀子·礼论》中记载:"天下从之者治,不从者乱;从之者安,不从者危;从之者存,不从者亡。"他强调只有顺从礼制,才能使国家得到很好的治理、安定,政体得以保全,才能使个人平平安安。因此,"养民"要基于"礼","礼"的最后目的是"养"。如何养民?《荀子·富国》中记载道:"足国之道:节用裕民,而善臧其余。节用以礼,裕民以政。彼裕民,故多余;裕民,则民富。民富,则田肥以易;田肥以易,则出实百倍。"主张

第一章
民为邦本的历史根脉和思想演进

节约费用，让民众富裕起来，并且能妥善地储存盈余的财富。节省费用的方式必须以相应的礼数等级为标准，而保证民众生活宽裕则必须由各种政治措施提供保障，只有这样，才能让民众富足，进而让国家富足。

荀子所处的时代，秦国国大君威，因此，荀子明确提出尊君的观点。《荀子·致士》中云："君者，国之隆也；父者，家之隆也。隆一而治，二而乱。"大意是君主是一个国家中地位最为高贵的人，父亲是一个家庭中地位最为高贵的人。无论是在国家中还是在家庭中，只有一个人身居最高贵的位置，才能实现安定；如果有两个人同时身居最高贵的位置，就会产生混乱的局面。《荀子·性恶》中记载："今当试去君上之势，无礼义之化，去法正之治，无刑罚之禁，倚而观天下民人之相与也，若是，则夫强者害弱而夺之，众者暴寡而哗之，天下悖乱而相亡不待顷矣。"荀子基于人性恶的立场，认为如果除去君王的权威、礼仪规范的教化和刑罚，就会出现强者欺凌弱者、多数人欺压少数人的情况。与此同时，荀子认为君主虽然位高权重，却应该是为民众服务的公仆，而不应该是掌握生杀大权、把广大民众作为私有财产的专制帝王。《荀子·大略》中记载："天之生民，非为君也。天之立君，以为民也。"大意是上天育民，并不是为了君主，但上天立君主，却是要他为人民做事的。《荀子·正论》中记载，荀子引用古代君王的事迹，指明商汤、周武王遵循政治原则，奉行合宜的道义，兴办天下人的共同福利，进而得到天下人的归顺，夏桀、商纣王扰乱秩序，无恶不作，进而被天下人抛弃，强调"天下归之之谓王，天下去之之谓亡"。由此可见，虽然荀子尊君思想极为强烈，但是荀子尊君的同时，并没有摒弃孟子"民为贵"的思想。荀子民为邦本思想的内涵实质，依然认为民众极为重要，只是在民众重要的基础上，提出了君主的尊贵身份和权威离不开对民众的重视。

纵观儒家民为邦本思想的嬗变可知，儒家的民本思想逐步恢复了尧、舜时期，以及夏、商、周三代的民为邦本观念，并做了进一步的发展。传统的民为邦本思想都是托天意讲民意，而儒家则是讲究以民意决定天意，逐渐抛弃一些迷信色彩，进而抛开天意，只讲民意。这也是儒家对传统民为邦本思想的一大发展和完善。然而，不论是孔子、孟子还是荀子，由于时代环境的制约，他们的部分思想并不能得以真正施行，几乎被世人所忽略。

（3）先秦道家的民为邦本思想

被称为道家创始人的老子，其人及其作品富有传奇色彩，其生卒年月仍未有定论，较为广泛的说法认为：老子姓李名聃，楚国苦县厉乡曲仁里人，大约生存于公元前571至公元前501年。老子曾为周守藏室史，纵览载籍，深察史实；又是殷商遗民，徙居陈国，陈国国小民弱，苛政繁多又屡遭欺凌，以致内乱丛生，因此老子的思想有消极避世倾向，崇尚自然，主张"无为而治"。然而，老子的"无为"绝不是所谓的无政府主义，相反，老子很重视统治者的统治方法。他认为"处无为之事，行不言之教，万物作焉而不辞，生而不有，为而不恃，功成而弗居"，即顺应自然不胡作非为，注重身教而不以言教，听凭万物兴起而不加干预，滋养万物而不据为己有，助其成长而不自恃其能，大功告成而不邀功自傲，才是圣人

第一章
民为邦本的历史根脉和思想演进

的治国之道。

《道德经》记载，老子崇尚自然，他指出："人法地，地法天，天法道，道法自然。"他认为在自然面前，所有人都是平等的，自然对待每个人都是公平的，人与自然万物并无区别，即"天地不仁，以万物为刍狗；圣人不仁，以百姓为刍狗"。他认为，当时的世道并不好，即"天之道，损有余而补不足。人之道则不然，损不足以奉有余"，大意是自然的规律，是减少有余的，补给不足的；可是社会的法则却不是这样，要减少不足的，来给有余的人。这显然是对当时社会的负面影响给予本质的批判。同时，老子认为普通民众是统治的根基，强调"贵以贱为本，高以下为基"。

因此，老子要求执政者应以民为上。在处理与百姓的关系上，应彻底摒弃"自见""自是""自伐""自矜"的心理，做到"以百姓心为心"。他要求君王谦逊地对待每一个人："江海之所以能为百谷王者，以其善下之，故能为百谷王。是以圣人欲上民，必以言下之；欲先民，必以身后之。"并说，"吾所以有大患者，为吾有身。及吾无身，吾有何患？故贵以身为天下，若可寄天下。爱以身为天下，若可托天下。"他主张统治者对民众要"慈"，有仁慈、慈爱之心；他反对战争，认为"夫兵者，不祥之器，物或恶之，故有道者不处""师之所处，荆棘生焉。大军之后，必有凶年"。他的态度是对春秋末年战争频发，物质生产匮乏，民众挣扎在生死境地的一种呐喊。他认为民众的艰难是因为统治者的奢靡，即"民之饥，以其上食税之多，是以饥。民之难治，以其上之有为，是以难治。民之轻死，以其求生之厚，是以轻死"，进而要求统治者节约用度，轻徭薄赋，减轻民众的负担，应该"去甚，去奢，去泰"，应该"不贵难得之货，使民不盗；不见可欲，使民心不乱"，实施"虚其心，实其腹，弱其志，强其骨。常使民无知无欲，使夫知者不敢为也"的治国方法。

纵观老子的民为邦本思想，大多贯穿于其治国理政理念之中。从统治阶层的角度来讲就是要用"俭"，要少折腾，要轻徭薄赋、与民休养；从民众的角度来讲就是要返璞归真，达到"自正""自化"的状态。实际上，老子的民本思想是从维护政权统治的角度出发提出的一系列治国理政理念，但其中体现了对民众的重视和关爱，有保民、爱民、重民的思想，蕴含着鲜明的民为邦本观念。

庄子，姓庄名周，《史记·老子伯夷列传》中记载："庄子者，蒙人也，名周。周尝为蒙漆园吏，与梁惠王、齐宣王同时。其学无所不窥，然其要本归于老子所言。"《汉书·艺文志》考证，蒙地属宋国，即庄子是宋国人，而宋国是殷商贵族微子的封地，可见庄子和老子都是殷商遗民。庄子生卒日期不详，学界一般认为是公元前369年至公元前286年，与孟子所处的时代大体相同，只是具体的国情和文化派别有所区别。从庄子的一些生平记录和文献资料来看，庄子在继承老子民为邦本思想的基础上，进行了取舍和创新。

庄子同样受战争频繁带来的灾难性影响，在继承老子"夫兵者，不祥之器"的基础上，提出更为彻底的反战理念，主张消除一切的战争与文明成果，让人类彻底回归自然本性。然而，残酷的战争让庄子意识到，战争不可避免，于是他在《庄子·大宗师》中提出，万不得已的战争也得保持一个最低限度，"圣人之用兵也，亡国而不失人心"。《庄子·天地》云："天生万民,必授之职。多男子而授之职,则何惧之有？富而使人分之,则何事之有？"大意是苍天让万民降生人间,必定会授给他一定的差事。男孩子多了,授给他们的差事也就多了,有什么可忧惧的？富有了就把财物分给众人,有什么麻烦的？在这里,庄子借助天道阐述了"均贫富"思想。

（4）先秦墨家的民为邦本思想

《孟子·滕文公》写道："杨朱、墨翟之言盈天下,天下之言,不归于杨,即归墨。"可见墨家学说在先秦时期影响力之大。墨子既是墨家学派的创始人,也是墨家最具代表性的人物,其民为邦本思想也与其他学派有着显著区别。墨子,姓墨名翟,具体生卒年已难确定,综合史料来看,墨子生活年代应在孔子之后、孟子之前,恰逢战国初期。墨子因其门阀无考而被定为"贱人",通过《墨经》中墨子的执业可知,墨子擅长机械工具的设计与制造,其身份当归于工匠一类。据《吕氏春秋·当染》关于墨子受教于孔子门徒的记载可知,墨子的学术思想深受儒家思想的影响,只是墨子依据时代环境的变迁,熔铸创新,自成一家之言。

墨子最重要的思想就是主张"正长"制度,建立自上而下的"正长体系",其中包含着大量民为邦本理念。首先,正长体制是"天"为爱民而设的。《墨子·尚同中》中云："则此语古者上帝鬼神之建设国都、立正长也,非高其爵,厚其禄,富贵佚而错之也。将以为万民兴利除害,富贵贫寡,安危治乱也。"大意是古代上天、鬼神建设国都,设置行政长官,并不是为了提高他们的爵位,增加他们的俸禄,使他们过富贵淫佚的生活,而是让他们给万民兴利除害,使贫者富，使民少者众，使危者安，使乱者治。

其次，君王及整个"正长体系"的在位者要保住自己的地位，应施行"兼爱交利"之政。《墨子·非乐》中记载了民众的悲惨状况："民有三患，饥者不得食，寒者不得衣，劳者不得息。三者，民之巨患也。"大意是老百姓有三种忧患：饥饿的人得不到食物，寒冷的人得不到衣服，劳累的人得不到休息。这三件事，是百姓的最大忧患。在此基础上，《墨子·兼爱》中进一步指出人民悲惨状况的根源："大夫各爱其家，不爱异家，故乱异家以利其家。诸侯各爱其国，不爱异国，故攻异国以利其国。天下之乱物，具此而已矣。"大意是士大夫各自爱他自己的家族封邑，不爱别人的家族封邑，于是抢夺别人的家族封邑以利他自己的家族封邑；诸侯各自爱他自己的国家，不爱别人的国家，所以攻伐别人的国家以利他自己的国家。天下的乱事，全部都在这里了。在此基础上，墨子认为只有"使天下兼相爱""交相利"，方能天下大治。

再次，实行"尚贤"政治。《墨子·尚贤上》指出：贤士"乃国家之珍而社稷之佐也，亦必且富之，贵之，敬之，誉之，然后国之良士，亦将可得而众也。"贤士是国家的宝贵财富、社稷良佐，要让贤士富裕、高贵，敬重他们，给他们荣誉，这样国家的贤士才会多起来。他主张废止世卿世禄制度，不论出身，选贤任能。在尚贤理念的指导下，墨子认为："故官无常贵而民无终贱，有能则举之，无能则下之。"大意是当官的不会永远富贵，而百姓不会永远贫贱。有才能的就让他们上去，没有才能的就罢黜他们。

最后，正长制度与"刑政"配套。《墨子·尚同中》指出"善用

第一章
民为邦本的历史根脉和思想演进

刑者以治民",即善于运用刑罚可以治理百姓。

除了"正长"制度、"刑政",以及选贤任能的官僚制度之外,墨子的认识论也包含民为邦本思想。他在《墨子·非命上》提出三表法,即"上本之于古者圣王之事""下原察百姓耳目之实""废以为刑政。观其中国家百姓人民之利",大意是正确的认识和好的政令来自古代圣王对历史经验的考察、广大百姓的亲身体验和国家人民利益的实现。

先秦除儒、道、墨、法四家外,还有阴阳、兵、杂、名、农等学派。这些学派的论题比较集中,一般针对专门的课题展开研究和辩论。他们也或多或少地涉及民为邦本论题,为民本思想的发展作出了贡献。名家代表人物邓析提倡法治,反对苛政,《邓析子·无厚》中记载:"夫水浊,则无掉尾之鱼;政苛,则无逸乐之士。故令烦则民诈,政扰则民不定。不治其本而务其末,譬如拯溺锤之以石,救火投之以薪。"大意是水污浊,就没有摇摆尾巴的鱼;政治苛刻,就没有安乐自在的百姓。因此,命令烦琐就会使民众狡诈,政治混乱就会使民心不安。如果不从根本问题着手,而只关注细枝末节,就好比在救溺水的人时用石头击打他,在救火时往火堆里扔柴火。他进一步提出"明君视民而出政",即英明的统治者观察民众的情况来制定政策。

兵家民为邦本思想较为丰富:《孙子兵法》论述了"人和为本""以道理众""上下同心""能得民心"的重要性。《孙膑兵法》论及"间于天地之间,莫贵于人",大意是在天地之间,没有比人更宝贵的了。

杂家的思想最能体现战国中后期思想发展趋势，那就是百家融合，殊途同归。《吕氏春秋》是先秦杂家的代表作，其中可以找到"立君为天下""民为国本"以及"爱民、富民、利民"等思想和政治策略。但是，这些学派既没有对政治设计提出完整的思路，也没有留下关于民本思想比较完整的著述。

（二）封建帝制时期：民为邦本思想的实践和发展

1. 秦汉到魏晋南北朝：民为邦本思想的官学化、神学化、大众化

在秦汉大一统格局的背景下，各家学派也展开激烈的统治思想的主导地位之争。民为邦本思想发展至秦汉，已具有清晰脉络，无论是法家、道家，还是儒家，其民本思想随着政治思想的碰撞也逐渐融合。

（1）秦朝的民为邦本思想

秦国的统治思想虽然以法家为宗，但是其丰富程度远超法家，其统治思想中也包含大量的阴阳家、儒家等学派的思想精华。秦始皇虽是杰出的政治家，但是在思想层面并不突出，他在民为邦本思想的阐释与发展这一层面并未有太大贡献。此外，由于秦国大一统的时间较为短暂，其间政治举措多出于李斯之手，因此，法家代表人物李斯的民为邦本思想更具代表性。

李斯（约公元前284年—公元前208年），战国末期楚国上蔡人，秦朝著名政治家、文学家和书法家，是战国末期法家思想的主要代表人物之一。李斯与韩非子皆师出荀子，李斯的民为邦本思想多上承荀子，其自身于民本思想的创新并无太大贡献。然而，与荀

第一章
民为邦本的历史根脉和思想演进

子、韩非子不同,李斯身居要职,将其所赞同的民本思想贯穿到治国措施中,从实践层面深刻验证了"顺民者昌,逆民者亡"的道理。李斯在辅佐秦始皇时,主张"得民心""轻徭薄赋"的政治措施,使秦国国力大增。秦国可以在短时间内横扫宇内、统一六国,接下来又"北筑长城而守藩篱,却匈奴七百余里",与李斯倡导的民为邦本政策是分不开的。

至秦二世继位,穷奢极欲,肆意妄为。《史记·李斯列传》中记载,李斯遭诬陷下狱,仰天而叹曰:"凡古圣王,饮食有节,车器有数,宫室有度,出令造事,加费而无益于民利者禁,故能长久治安。"在狱中,李斯指出,凡是古代圣明的帝王,饮食都有一定的节制,车马器物有一定的数量,宫殿都有一定的限度,颁布命令和办事情,增加费用而不利于百姓的一律禁止,所以才能长治久安。针对秦二世的挥霍无度,李斯认为这样下去必然会招致秦国覆灭的后果。为了得到秦二世的赦免,李斯在狱中上书自陈,历数功勋,其中就有"缓刑罚,薄赋敛,以遂主得众之心,万民戴主,死而不忘"的陈述,遭到秦二世的斥责。为了自保,李斯二次上谏,《资治通鉴》中记载了其谄媚秦二世的话语:"故明主能行督责之术以独断于上,则权不在臣下,然后能灭仁义之涂,绝谏说之辩,荦然行恣睢之心,而莫之敢逆。如此,群臣、百姓救过不给,何变之敢图!"大意是贤明的君主能施行察罪责罚之术,在上独断专行,这样权力就不会旁落至下属臣僚手中,然后才能阻断实施仁义的道路,杜绝规劝者的论辩,独自称心如意地为所欲为,谁也不敢抵触反抗。如此,群臣、百姓想补救自己的过失还来不及呢,哪里还敢去图谋什么变故！但这不过是李斯为了逃避祸端说出的言不由衷的话语，并不能说明李斯不具备民本思想或者是"反民本"的。事实上，秦国统一之后，以李斯为代表的统治阶层一直在试图杂糅整合诸子百家思想，将包括民为邦本思想在内的统治思想规范化、合理化。

《资治通鉴》中云："行督责益严，税民深者为明吏，杀人众者为忠臣，刑者相半于道，而死人日成积于市，秦民益骇惧思乱。"大意是秦二世更加严厉地实行察罪惩处，以向百姓征收重税的人为有才干的官吏，以杀人多的官员为忠臣，使路上的行人有一半是受过刑罚的罪犯，死去的人天天成堆地积陈在街市中，秦朝的百姓因此愈加惊骇恐惧，想着发生动乱。秦二世"逆民"之举措，严重违背了公认的为君之道，导致了秦朝的灭亡，进而使法家失去了角逐统治思想宝座的资格。

（2）两汉及魏晋南北朝时期的民为邦本思想

西汉初年，国家残破、民生困苦，亟待休养生息。《汉书·曹参传》记载，由于黄老学说讲究"柔弱胜刚强"的特点符合当时的政治需要，诸帝奉"治道贵清净，而民自定"的黄老之学为尊，依据"与民休息"国策，开展了一系列民本实践，如安置归农军人、恢复民众田宅、减轻赋役、促进物资交流等，这些政策的贯彻成就了文景之治。《淮南子》是汉代初年黄老政治的理论结晶，它一方面以道作为最高依据论证三纲五常的合理性；另一方面在《淮南子·主术训》中指出："食者，民之本也。民者，国之本也。国者，君之本也。"大意是食物是人民生存的根本，人民是国家生存的根本，国家是君王统治的根本。为协调二者，《淮南子》认为最佳的政治境界应

第一章
民为邦本的历史根脉和思想演进

该是君民和谐。《淮南子》不仅记载了民本思想的基本思想,还列有系统的治民政策原则,如要求君主"法宽刑缓""处静以修身""俭约以率下"。

可以看出,民为邦本思想是作为这些政策的指导原则存在的,说明当时统治者认同民本思想,并将其转化为治民政策。这一点还体现在汉代初期皇帝的罪己诏。所谓罪己诏,即在中国古代,遇有天灾人祸时往往以皇帝名义下诏自责,昭告内外,传递君主敬天爱民的执政理念。帝王诚心向上天悔过,便可感召和气以消灾弭祸,安抚百姓,稳定民心。据《史记·孝文本纪》记载,汉文帝二年,十一月最后一日发生日食,十二月十五日又发生日食。出现日食,而且是异常的日食,汉文帝立刻自我反省,下诏曰:"朕获保宗庙,以微眇之身托于士(兆)民君王之上,天下治乱,在予(朕)一人,唯二三执政犹吾股肱也,朕下不能治育(理育)群生,上以累三光之明,其不德大矣。"他将日食归咎为自己缺失德行,希望群臣能够匡正他的不足并推举贤良方正、能直言力谏之人。可见,罪己诏的主要依据和思想逻辑都来源于民本思想。

民本思想构成统治思想的组成部分,据此展开的政治实践和历史经验又促进民本思想的进一步发展。其中,贾谊提出的"民者万世之本"标志着民本思想的重大理论进展。首先,贾谊认为民为政治之本、之命、之功、之力。《新书·大政上》记载,"民无不以为本也。国以为本,君以为本,吏以为本""民无不为命也。国以为命,君以为命,吏以为命""民无不为功也。故国以为功,君以为功,吏以为功""民无不为力也。故国以为力,君以为力,吏以为

读懂民为邦本

力",强调百姓是一切事物的根本、使命、功业和力量,国家、君王和官吏都要以百姓为根本、使命、功业和力量。其次,贾谊清醒地认识到,民众虽是卑贱者和被奴役者,却也是可以冲垮暴政、摧毁王朝的洪流,因此民众并不是君王可以随意欺骗的对象。为保国家兴盛,必须谨慎爱民敬民。再次,贾谊从礼教的角度论证了君主在其位,必须谋其政。《新书·礼》中记载:"礼,天子爱天下,诸侯爱境内,大夫爱官属,士庶各爱其家。失爱不仁,过爱不义。故礼者所以守尊卑之经,弱强之称者也。"他认为礼教规范要求统治者爱天下之民,这是统治者的分内之事。最后,贾谊认为以农为本既是富民之本,也是教民之本。治民、富民的关键措施就是重农抑商。

随着西汉初年休养生息政策的实施,西汉帝国的实力开始显著增强。作为一位有雄心、有抱负的帝王,汉武帝开始尝试冲破"无为而治"的治国思想束缚。汉武帝时期,西汉著名儒家代表人物董仲舒提出的以"儒"为宗,兼收阴阳家、法家、道家等思想的学说,开始受到汉武帝赏识。董仲舒"罢黜百家,独尊儒术"的提议之所以得到汉武帝的采纳,既与董仲舒所倡导的尊君"君权天授"等理念有着密不可分的联系,又与民本思想有着密切关系。

"屈民而伸君,屈君而伸天"是董仲舒关于天、君、民关系的经典表述。董仲舒认为,要巩固统治,必须加强皇帝的权威,于是强调"屈民而伸君",主张民服从君,维护君主的权威和地位。但这并不能理解为否定民本。民本是一种治国理念,君主的地位巩固后,如何治理民,才涉及是否以民为治国之本。

董仲舒认为,天立王并不是为了君主个人,而是为了天下万

第一章
民为邦本的历史根脉和思想演进

民。因此,只有那些安乐民众的人,天才会授予他王权;而对于那些残害民众的君主,天则会收回对他的授命。由此看来,"董仲舒所言'天志'是以安乐民众为内容的。君主顺从'天志'而治,就是要让民众能过上安居乐业的生活"①。董仲舒明确指出,君主只有博爱民众,才能王天下。可见,他强调君必须效法天地之仁,从而使"尊君"与"爱民"在天意的协调下达到统一和谐。这说明,董仲舒在神化皇权的同时,把君主置于天威之下,使皇帝对天亦有所畏,节制地主阶级对老百姓的残酷剥削和压榨。"'屈君以伸天',包含了允许臣民起来进行汤武式的革命,并讨伐无道昏君的权力,也就包含了'民本'思想。"秦以后,当儒家思想与秦汉制度相整合时,董仲舒提出"屈民而伸君,屈君而伸天"。此中虽有"三纲"之说,但也仍继承了先秦儒家的民本思想。董仲舒所谓"道"与"德",同先秦儒家一样,都贯彻了"以民为本"的思想。

《春秋繁露·灭国上》中记载,"王者,民之所往,君者,不失其群者也;故能使万民往之,而得天下之群者,无敌于天下",强调民众的重要性,告诫帝王只有实行民本政策才能无敌于天下,认同"君为政本,民为国本"的观点。而后,董仲舒还提出"先富后教""不夺民时,不竭民力""不与民争利"等民为邦本思想,并主张制定相关法令制度。《史记·董仲舒列传》中云:"故受禄之家,食禄而已,不与民争业,然后利可均布,而民可家足。此上天之理,而亦太古之道,天子之所宜法以为制,大夫之所当循以为行也。"他指出这些与民众利益相关的法令制度一定要坚定不移地遵守,推动

---

① 吴怀祺:《中国史学思想通史·秦汉卷》,黄山书社2002年版,第170页。

了民为邦本思想的制度化和规范化。

两汉经学在融入其他学派思想，尤其是阴阳家思想之后，谶语、谶记、符命，即预言吉凶的隐语和判定王者的"谶纬之学"大为盛行，汇集成了一股波及全社会的政治思潮。谶纬之学主要以"天人感应"为哲学根基，在对汉王朝取代秦王朝进行合理化、合法化论证的基础上，进一步强化了帝王的地位和权威，得到了统治阶层的认同和推广。"君权神授"理论不仅给予君王权力，还给予其代天行事、引人向善的责任和义务，在天意的束缚下，"爱民""顺民""利民"等民为邦本的思想也成了君王必须遵守的法则。不仅统治者和朝廷百官，就连普通民众也大多迷信谶纬之术，在一定程度上反映下层民众心声的《太平经》也打上了谶纬的烙印。

谶纬之学的泛滥，虽然没有在思想层面有重大的理论突破，但是其对民本思想的规范化和制度化起到了很大的推动作用，使很多民本举措得以落实，并成为后世需要传承的制度规范。东汉建初四年，随着汉章帝主持召开的白虎观会议的落幕，由班固奉命依据会议记录撰写而成的《白虎通义》成为东汉统治者钦定的官方权威教材。《白虎通义》以今文经的观点为主，兼收众说，对儒家经典所涉及的重要理论进行了权威性的解释，使汉代经学的尊君思想、纲常理论得到了进一步的强化和完善。作为官方的、权威的对儒家经典的最高诠释，《白虎通义》成为汉帝国各种具体制度设定和实施的基本原则，民本思想也是《白虎通义》中的基本理念。

东汉末年政治批判思潮进一步推进民本思想的大众化。东汉时期，迷信、谶纬崇拜弥漫整个社会。同时，外戚专权、宦官专政等

第一章
民为邦本的历史根脉和思想演进

现象又导致朝廷内部纷争不断、社会矛盾日益严重。面对这两种现象,批判社会现实、指责贪官污吏、驳斥谶纬思潮的政治批判思潮兴起。具有规范功能和批判导向的民本思想在其中发挥了重要作用,成为这股社会批判思潮的重要理据。东汉末年的社会批判思潮主要依据的民本思想有:以君民一体、立君为民为依据,主张强化中央集权,根除外戚、宦官专权,重整朝纲;以君臣一体为依据,主张任用贤能,克服任人唯亲、外戚专权的弊端;在"尊在一人"的前提下,主张以仁爱之心,推行德政,教化百姓,减轻负担,缓解民困,治国安民。这批思想家对土地、农桑、赋役等经济政策尤为关注,强调"富民为体""重农抑商""限制兼并""分配土地"。这一社会批判思潮的代表人物不仅有荀悦、崔寔、仲长统等当朝官员,还有王符这种与官方疏离,终生不仕的思想家。东汉末年,经学进一步僵化发展,名教也逐渐虚伪化发展,加之时世大变,对经学、政权、世风持批判态度的人越来越多。随着汉朝政权的没落,经学也衰落了。

魏晋南北朝时期,崇尚自然的玄学取而代之,成为主角。玄学和经学进一步融合互释,哲学基础的转变并没有促使民本思想以新的思路和命题出现。这一时期的民本思想主要是从儒道相融的角度阐释先秦时期与民本思想相关的思想,例如,何晏的《论语集解》对《论语》所记载的孔子的重民思想多有解释,他从"民为国本"出发,主张统治者必须谨慎、诚信、节用,推行各种重民政策以养民。又如,王弼的《老子略指》和《周易注》阐释了《老子》和《周易》中与民本思想相关的思想。

综上所述，两汉及魏晋南北朝时期，中国传统民本思想的重大进展在于其在官学化和神学化的过程中走向大众化。历朝历代，见于政论中的立君为民、设官为民、施政为民的事例不胜枚举，相关的议论也大体涵盖了民本思想的主要内容，甚至北方族群进入内地建立的北朝政权也不例外。

2. 隋唐时期：民为邦本思想的实践与反思

魏晋南北朝的玄学思潮推动隋唐统治思想的进一步成熟，也促使隋唐帝王将民本思想深深植入自身的统治思想中，让民本举措得到进一步落实。相较魏晋南北朝而言，隋唐两宋时期的帝王和官吏非常注重政治实践，主张面向现实社会，排斥空谈。这段时期较为突出的就是唐宋时期君臣之间的"君臣道合"，而作为统治思想中极为重要的一环，民本思想在这一个时期也成为社会各阶级的普遍共识。

（1）隋朝时期的民为邦本思想

隋文帝时期，坚持"天下为公，选贤与能"。隋文帝既是政治家，又是思想家，特别是在法律思想方面颇有研究，进一步完善了《刑书要制》，并亲自主持修订刑律，颁布《开皇律》等法律文书，主张用法律制度来保障民本思想的落实。三省六部制的出现，既维持了帝王专制体制，承认君权至上，又实现了对君权的制衡，为隋唐帝王实践"君道"提供了思想理论和政治格局两个层面的支撑。就连暴君隋炀帝，在登帝位之初也推行一系列民本举措。

《隋书·炀帝纪上》中记载：其登帝之前，体谅民生，斩决宦

第一章
民为邦本的历史根脉和思想演进

官,"及陈平,执陈湘州刺史施文庆、散骑常侍沈客卿、市令阳慧朗、刑法监徐析、尚书都令史暨慧",四人奸邪谄佞、祸害人民,隋炀帝在陈皇宫门前右边望楼下面将他们斩决,借此向三吴人民谢罪,于是"天下称贤";登基后,多次下诏书,学习先贤君王的惠民举措,"昔者哲王之治天下也,其在爱民乎。既富而教,家给人足,故能风淳俗厚,远至迩安",强调从前贤明的君王治理国家,关键在于爱护百姓,既使人民富裕又进而施行礼教;他自省国家幅员辽远,人口众多,"未获亲临,问其疾苦",意识到自己未能亲临各地体察民间疾苦,于是派遣使臣,巡视各地风俗民情,惩恶扬善,"孝悌力田,给以优复。鳏寡孤独不能自存者,量加赈济。义夫节妇,旌表门闾。高年之老,加其版授,并依别条,赐以粟帛。笃疾之徒,给侍丁者,虽有侍养之名,曾无赒赡之实,明加检校,使得存养。若有名行显著,操履修洁,及学业才能,一艺可取,咸宜访采,将身入朝。所在州县,以礼发遣。其有蠹政害人,不便于时者,使还之日,具录奏闻";重视教育,主张教育和学习应当首先抓,"君民建国,教学为先,移风易俗,必自兹始"。

由此可见,隋炀帝认为治天下的根本在于爱民,"君道"的根本在于推行民本举措,君臣同心是实现"君道"的重要环节。但他在实践中并没能做到诏书阐述的民本思想,言行不一,生活骄奢淫逸,挥霍浪费。《隋书·炀帝纪上》中记载:隋炀帝一边下诏表示要"听采舆颂,谋及庶民,故能审政刑之得失",主张倾听收集众人的议论,与平民百姓商量,以此来审辨政治、刑罚的得失,一边在实际生活中"于皂涧营显仁宫,采海内奇禽异兽草木之类,以实园苑"。

于是农民起义，隋炀帝身死国灭。

（2）唐朝"君臣道合"下的民为邦本思想

唐朝，中国终于结束了数百年的动乱，进入一个相对稳定的时期。唐代最具有代表性的君王是唐太宗李世民。以史为鉴，可以知兴替。《贞观政要·君道》中记载，贞观二年，唐太宗问魏征："何谓明君暗君？"魏征用隋炀帝偏信虞世基，到各路反隋兵马攻掠城邑时还不知道为何的例子，阐明君主要广听四方，采纳忠言，得到了唐太宗的赞赏；贞观十一年，魏征向唐太宗上书，表示隋炀帝骄奢淫逸的生活作风导致了"上下相蒙，君臣道隔，民不堪命，率土分崩"的严重局面，进一步总结了隋朝灭亡的经验教训，强调脱离民本思想的政治举措是隋王朝迅速亡国的根本原因，唐太宗发出"夫为人君，不忧万姓而事奢淫，危亡之机可反掌而待也"的感慨，常以亡隋自警自戒。

唐太宗深刻意识到以民为本的重要性。《贞观政要·君道》中云："为君之道，必须先存百姓。若损百姓以奉其身，犹割股以啖腹，腹饱而身毙。"大意是要当好皇帝，首先必须使百姓能够安定地生活。如果以损害百姓的利益来满足自己的私欲，就像割掉自己大腿上的肉来填饱自己的肚子一样，肚子填饱了却命归黄泉。《贞观政要·政体》中记载，唐太宗摒弃"君权神授"的观念，认为天子的地位和权力来源于民众，"天子者，有道则人推而为主，无道则人弃而不用"，表示治国井井有条，百姓安居乐业，人们才推举他为君王；治国昏庸无能，民生凋敝，人们就会抛弃他，不再拥戴他。魏征肯定唐太宗能够居安思危、广纳谏言，能够认识到"君，舟也；

第一章
民为邦本的历史根脉和思想演进

人,水也。水能载舟,亦能覆舟"的道理。

唐太宗提出一系列惠民养民政策。一是清静无为以为民。一方面,以史为鉴,注重了解民间疾苦;另一方面,审视历史,着力探求"静之则安,动之则乱"的客观规律。太宗在位二十三年,基本上坚持实施清静无为以安民的策略。二是发展生产以养民。太宗即位后,继续推行均田,褒奖垦荒,不夺农时,鼓励生产,并且规定住在人口稠密之处的百姓可迁徙到人口稀少的地方。同时,将农业发展状况作为考核地方官员政绩的依据:倘若辖区内户口减少、鳏寡孤独数目增加、不经常诱导农桑,有关官员一律降级降职。三是轻徭薄赋以恤民。太宗在位期间,大力倡导国以民为本的思想,严禁增设法外徭役赋税,以减轻百姓负担。当遭逢虫霜旱涝等灾情时,朝廷即遣使并诏令地方政府赈灾抚恤,免除当年租税。如朝廷财政状况有所好转,又会减免部分徭役赋税。贞观元年,山东诸州发生大灾,许多百姓为了生计被迫出卖儿女。次年,太宗拿出皇帝内府中的金银财宝,帮助灾区百姓收赎被卖的儿女,以示君主恻隐之心和仁义之举。

唐太宗基于自己的经验和隋文帝的教训,善用贤才,广开言路,积极听取群臣的意见。他指出"岂如广任贤良,高居深视,法令严肃,谁敢为非",强调要广泛地任用贤良的人才,皇帝只需在朝廷密切关注政事,严肃法纪。他要求群臣敢于进谏指出他的错误,"自今诏敕疑有不稳便,必须执言,无得妄有畏惧,知而寝默",不能因为害怕冒犯他的权威,就心里明白却沉默不言、假装糊涂。魏征便是唐太宗时期善于进谏、敢于进谏的代表人物。

读懂民为邦本

魏征,自幼父母双亡,家境贫寒,曾被太子李建成引为东宫僚属。李世民早就器重魏征的胆识才能,任命他谏官之职,并经常引入内廷询问政事得失。魏征喜逢知己之主,竭诚辅佐,知无不言,言无不尽,加之性格耿直,往往据理抗争,从不委曲求全。《旧唐书·谏太宗十思疏》中记载:贞观十二年,魏征看到太宗逐渐怠惰,懒于政事,追求奢靡,便上奏著名的《十渐不克终疏》,列举了太宗执政初到当前为政态度的十个变化。忠言逆耳,一次,唐太宗罢朝回来,怒气冲冲地对长孙皇后说:我应当杀了这个乡下佬。但生气归生气,唐太宗始终保持清醒的头脑,对魏征既尊重,又保持着良好的感情。魏征病逝后,他失声痛哭:"夫以铜为镜,可以正衣冠;以古为镜,可以知兴替;以人为镜,可以知得失。我常保此三镜,以防己过。今魏征殁逝,遂亡一镜矣。"

以唐太宗为代表的"君道"实践,实质上是推动民本思想从理论到具体实践的重要历程,也是民本思想进一步成熟与完备的象征,并对接下来民本思想的进一步发展产生了重大影响。

(3)隋唐时期儒、道互补下的民为邦本思想

儒家思想于汉武帝时被定为官学,而魏晋玄学的兴起以及佛教的流入,对儒家学说是一个严峻的挑战。魏晋时期,儒学几近湮灭,已无力与佛、道一争长短。然自隋文帝平定天下以来,隋唐帝国的声威渐壮,国人的自尊心和自信心得到恢复,中国本土文化再次呈繁荣之状,儒家学说也随之再度复兴。隋唐时期,部分儒家学者,以儒学为宗,兼收道家、玄学的哲学思辨成果,将"自然"之道与"伦理"之道紧密地结合在一起,同时,他们以民本思想作为统治思

第一章
民为邦本的历史根脉和思想演进

想核心,并从理论上阐明道与德、德与政、君与德的关系,提出系统的"君德论",柳宗元就是代表人物之一。

柳宗元的民本思想,于上直追孔、孟,继承了传统的民本思想;于下开启唐、宋民本思想发展的新高度。"究天人之际"可以说是柳宗元哲学思想和政治思想的中心论题之一。他彻底摒弃董仲舒"天人感应"之说,否认"天之立君以为民"的观点。《柳河东全集·答刘禹锡天论书》中记载:"生植与灾荒,皆天也;法制与悖乱,皆人也,二之而已。其事各行不相预,而凶丰理乱出焉。"在柳宗元看来,"天"属于自然现象,并没有思想和意志,四时阴阳变化纯属自然规律。由此,柳宗元指出天、人之间并不能互相干预,进而说明圣人"顺天承命"和"天之立君以为民"的说法就无法立足了。

虽然柳宗元关于政治起源以及政权基础的言论在当时看来近乎"异端",然而其民本思想是直承先秦儒家的。《柳河东全集·时令论》中云,"圣人之道,不穷异以为神,不引天以为高,利于人,备于事,如斯而已矣",主张圣人之道当以"生民"为主,应当行仁政以利百姓。同时,在关心民间疾苦方面,柳宗元以自己的言行体现了"圣人之道"的政治抱负。他认为赋税不均和吏治腐败是造成"生民"困苦的主要原因,这一点在《捕蛇者说》中有生动体现。

柳宗元被贬为永州司马后,依然关心着民生疾苦。他听闻永州百姓争先冒性命危险捕蛇,只为抵缴赋税,更为深刻地理解了孔子所说的"苛政猛于虎",写下《捕蛇者说》,指出"孰知赋敛之毒有甚是蛇者乎",强调苛捐杂税的毒害比这种毒蛇的毒害更厉害。

柳宗元主张"吏为民仆"。也就是说,"生民"是用自己的劳动成果来雇佣官吏为自己主持公道的，官吏既然已经"受其直"就应该成为"生民"的仆役，而不是反过来去奴役民众。既为民仆，那么，每天很早便起床工作，晚上还在考虑问题，辛勤用力而耗费心血，打官司的都得到公平处理，缴纳赋税的都均衡合理，老的少的都没有内怀欺诈或外露憎恶的，就成为官吏的职责，倘若接受了报酬，不认真干活，而且还盗窃财物，就必须受到罢黜和惩罚。

然而，由于历史环境的限制，柳宗元虽然认识到权力和实力才是支配社会资源的手段，对帝王专制体制的产生提出了不同论断，对官吏和生民之间的关系进行了新的论述，但是柳宗元依然未能彻底冲破三纲五伦的秩序，其"圣人之道"这一民本思想抱负的实现也只能寄希望于帝王。这也是柳宗元对唐太宗"惟人（民）之为"的治国方略推崇备至的原因。在柳宗元看来，只有唐太宗这种"凡其所欲，不谒而获；凡其所恶，不祈而息。四夷稽服，不作兵革，不竭货力"的治国方法才是真正的"圣人之道"，只有这种以民本思想为核心的政治举措才应该"丕扬于后嗣，用垂于帝式"。

3. 宋元明清时期：民为邦本思想的高度哲理化

唐代虽然把均田制等有利于民生的政策法制化，然而，制定法律是一回事，执行法律又是一回事。高层的腐败无能与地方的藩镇割据破坏了均田制，连绵的战争也使群众失去了得以生存的基本条件，最后导致唐朝灭亡。继之五代十国，经半个多世纪的动荡，公元960年赵匡胤发动陈桥兵变，建立宋朝，实现政局安定。即便在五代十国，历史记载当中也可见大量皇帝依据民本思想施政养民、

第一章
民为邦本的历史根脉和思想演进

官僚援引民本思想劝谏君主的事迹。这说明古代民本思想是被广泛认可的施政之道,政治清明或腐败并不是由于统治者对民本思想的认识,而在于能否真正按照民本思想去实践。

(1)宋朝传统民为邦本思想的高度哲理化

鉴于五代十国之失,宋太祖赵匡胤建立政权后,实行偃武修文的政策。一是"杯酒释兵权",收回了大将的兵权。二是重文轻武、重视科举、广开仕途。宋太宗在宫前立下"誓不杀士人"的碑文,广建书院,通过科举考试,每年以三百余人的规模让各地学子走上官途。在这个过程中,孟子的政治地位和学术地位有了显著提升,《孟子》一书被列入"四书"行列,成为科举考试科目,其"民贵君轻"的民本思想也常被用来解读其他儒家经典著作。因此,无论是两宋时期的理学家,还是当时的功利主义者,无不将孟子"民贵君轻"的民本思想作为自己政治思想的理论基石。

文人士子受到统治者的优待,内心对宋王朝怀有感激之情,所以两宋的文人士子极力拥护君主专制体制,并将佛、道等思想融入传统的儒学,使其成为高度哲理化、更富有思辨性的新儒学。同时,高度哲理化的宋明理学,也从理论上将"三纲五常"绝对化、神圣化,让君主专制体制道德化、哲理化。

张载,"北宋五子"之一,著有《横渠易说》《张子语录》《正蒙》《经学理窟》等。作为理学的奠基人之一,张载"为天地立心,为生民立命,为往圣继绝学,为万世开太平"的立论格言,也成了后世理学家们的终生信念。在《横渠易说》中,张载多用民本思想对《易》进行注解和阐发,他认为"天地养万物,圣人养贤以及万民""圣人则事天爱民,不恤其他",即天地孕育万物众生,圣贤培养道德文明,教化百姓,造福人民。《经学理窟》中云:"《书》称天应如影响,其福祸果然否?大抵天道不可得而见,惟占之于民,人所悦则天必悦之,所恶则天必恶之,只为人心至公也,至众也。"在张载看来,"天"是没有意志的,天不会思考,不会与人产生感应,这与董仲舒的"天人感应"学说有质的区别。同时,他认为世间万物有一套"天理"存在,而这个"理"实际上取决于民意和民心,即"大抵众所向者必是理也,理则天道存焉,故欲知天者,占之于人可也"。基于此,张载提出诸多民本举措。除了传统的"节用而爱人,使民以时""故为政者在乎足民""天地节而四时成,节以制度,不伤财,不害民",张载还提出"民吾同胞,物吾与也""爱必兼爱"的兼爱主张。他认为土地是"养民之本",而当时的土地政策严重危害了民众的生存,因此他主张恢复井田制。《张子全书·礼乐》中记载"欲养民当自井田始",大意是养民要从实施井田制开始;《张子全书·学大原上》中云,"周礼田中之制皆可举行,使民相趋如骨肉",大意是实行井田制后,便能够使民众像亲人一样亲近。

程颢,字伯淳;程颐,字正叔。两人为亲兄弟,俱受业于周敦颐,其学称"洛学"。二程的哲学思想有较大区别,而"程朱理学"与"陆王心学"两个理学分支可以说是以二程为源头的。《河南程氏遗书》记载:"天理云者,这一个道理,更有甚穷已。不为尧存,不为桀亡。"大意是大自然的运行有其自身规律,这个规律不会因为尧的圣明或者桀的暴虐而改变。在程颐看来,"天理"无法感应、无法磨灭,是先天存在的,是自然长存不可磨灭的,而纲常伦理就是天

第一章
民为邦本的历史根脉和思想演进

理。在二程的民本思想中,"君为政本,民为国本"这一理念也得到延续。《周易程氏传》指出:"民不能自保,故戴君以求宁;君不能独立,故保民以为安。"大意是人民因不能"自保",于是让渡部分权利出来,拥立君主,君主则须履行"保民"之责任。在民本举措方面,二程虽然没有像张载一样,明确坚持恢复井田制,但其言论却呈现法古的意味。《二程文集·为家君应诏上英宗皇帝书》中记载:"至诚一心,以道自任。以圣人之训为可必信,先王之治为可必行。不扭滞于近规,不迁惑于众口,必期致天下如三代之世也。"大意是至诚一心,以实行圣人之道为己任,以圣人之教导为必定可信,以先王之治法为必定可行,不被近世的规则习俗约束,不被众说纷纭所迷惑,而坚定地以使天下达到上古三代之治为目的。

理学之所以成为两宋显学,并自元朝始成独尊之势,仅凭其尊君理念是远远不够的,更重要的是理学中包含大量的民本思想。宋明理学实质上是儒学发展的新阶段,在理学家看来,孔、孟皆为道统的传人。然而,由于"北宋五子"学术特性不同,所以在南宋时期,理学分为两支。一支是以二程和朱熹为代表的理学,后世称为"程朱理学";一支是以陆九渊和王阳明为代表的心学,后世称为"陆王心学"。然而,无论是程朱理学还是陆王心学,传统的民本思想都是其学说的重要组成部分。就程朱理学而言,二程之后以朱熹最具代表性。

朱熹,号紫阳、晦庵,师从程颐三传弟子李侗,宋明理学的确立者,撰有《四书章句集注》。朱熹继承了程颐"有物必有则,一物须有一理"的观点,他认为理在物先:"天地之间,有理有气。理也者,形而上之道也,生物之本也。气也者,形而下之器也,生物之具也。""一物须有一理",那么必然是先有君臣之理,然后才有君臣之事,即"天理君权"。这实际上是为君主专制体制提供理论支撑,也就是"君权神授"的变种。同董仲舒一样,朱熹既为君主专制体制提供理论支撑,又寄希望于以民本思想限制至高无上的君权,这是儒家传统的"君为政本,民为国本"统治理论框架的延续。虽然朱熹的民本思想依然是"为政以德""富民""利民""轻徭薄赋""爱民养力"等传统观念,但是他将孟子"民为贵,君为轻"等大量的民本思想融入对儒家传统经典作注中,并将这些民本思想奉为"常理""国法",使帝王不得不有所顾忌。同张载等理学家不同的是,朱熹反对恢复井田制,他主张因时而变。之后,朱熹《四书章句集注》被后世统治者钦定为科举考试用书,传统的民本思想也就愈发地深入人心。

理学自二程之时,学术分歧便已经产生,至朱熹、陆九渊时,彻底分为两个派别。以陆九渊、王阳明为代表的陆王心学与程朱理学在学术思想上有着显著区别,其民本思想也伴随着哲学根基的不同而显现出不同特征。

陆九渊,字子静,自号象山翁,人称象山先生,著作有《文集》三十二卷,《语录》二卷。在仁道从哪里来这一问题上,程朱理学和陆王心学有着本质的不同。程朱理学认为一切皆源于理,而陆九渊则认为其来源于心,如《象山全集·与李宰书》中指出:"心即理也。"所以,"宇宙便是吾心,吾心即是宇宙"。由天理人心外化成的行为和规则,被陆九渊称为"道"。《象山全集·与徐子宜书二》中

第一章
民为邦本的历史根脉和思想演进

记载,陆九渊赞同孟子的观点:"民为大,社稷次之,君为轻。民惟邦本,得乎丘民为天子。此大义正理也。"《象山全集·与保民而王》中记载,帝王之所以存在,是因为"民生不能无群,群不能无争。争则乱,乱则生不可以保。王者之作盖天生聪明,使之统理人群,息其争,治其乱,而以保其生者也"。这与程朱理学先立君臣之义不同。陆九渊主张以民心为正理,而非以"天理君臣"为法则,不仅仅用民本思想来约束君权,而是明确指出,君臣之间的分属并非天理,而在于是否能行善政,能否得民心、顺民意。

长期的重文轻武也带来了新的矛盾:冗兵、冗官,给国家的财政带来了极大的负担。官僚机构的臃肿,伴生出官场无能与腐败的问题。这不能不引起心怀民本大义的思想家的高度关注,以范仲淹、欧阳修、李觏、王安石、吕祖谦、陈亮、叶适等为代表的事功思潮一直与理学思潮相抗衡。该派别的特点是:排斥空谈心性,主张务实富强。

范仲淹,字希文,自幼好学,家境贫寒。《宋史·列传·范仲淹传》中记载:因为家贫,范仲淹每日只煮一碗粥,分为四份,早晚各吃两份,以青菜和盐佐粥。冬天读书疲惫,便以冷水洗脸振作精神,终在真宗大中祥符八年(1015年)考中进士。他不计较官职大小,体察民情。仁宗天圣元年(1023年)监西溪盐仓,西溪地处偏僻,灶民大多是流配的罪犯,到此做盐官,被视为苦差。他写下《至西溪感赋》表明心迹:"谁道西溪小,西溪出大才。参知两丞相,曾向此间来。"他大力倡导办学兴读,修桥铺路,大兴公益事业,为西溪办了不少实事,受到百姓的好评;他刚直不阿,力主改革,屡遭奸佞诬谤，数度被贬。他在《岳阳楼记》中感叹："不以物喜，不以己悲，居庙堂之高则忧其民，处江湖之远则忧其君。是进亦忧，退亦忧。然则何时而乐耶？其必曰'先天下之忧而忧，后天下之乐而乐'乎。噫！微斯人，吾谁与归？"同时，他主持"庆历新政"，提出"抑侥幸""精贡举""择官长""均公田""厚农桑""减役"等十项与重民有关的改革措施，着力达到"兴公家之利，救生民之命"。范仲淹的重民思想包含非常明显的"君本与民本统一"的结构，他一心使君政无过，使百姓无怨。他务实的态度，对后世事功主义者们产生了深远的影响。

（2）明清时期传统民为邦本思想的极致

明太祖朱元璋以"汤武革命"为依据，消除割据势力，建立明朝。《明太祖实录》中记载，朱元璋出身贫寒，对民生之苦深有体会，对"民者，国之本也""为政以得民心为本""得天下者，得民心也"等民本思想也有着深刻的领悟。因此，立国之初，明太祖便继续将理学奉为官学，将民本思想作为统治思想的基础。

提及明朝的民本思想，不能不谈王阳明。王阳明，字伯安，其著作被编为《王文成公全书》数十卷。王阳明在大悟"格物致知"之理、"知行合一"之学之后，便大量阐发"心即理"的心学思想，继而为"致良知"立论。在王阳明看来，明德、亲民本为一事，主张以仁心为本，施于政事。他的"致良知"一说，主张人人皆可"为圣"，这实际上是对纲常伦理的否定，富有泯灭富贵等级之意，是专制体制下民本思想的又一大进步。

王阳明心学的发展给民本思想的论争带来了一种新的思路。他

第一章
民为邦本的历史根脉和思想演进

以心为本体,万物同源为依据,《王文成公全集》中记载,王阳明指出:"夫人者,天地之心。天地万物,本吾一体者也。生民之困苦荼毒,孰非疾痛之切于吾身者乎!"既然万物同源,统治者理应以天地万物为一体,视民如子,视国犹家。王阳明认为,只要君主有良知,得至善,那么爱民养民是顺理成章的。因此,君主施行民本,前提就是"致良知"。人人皆有良知,然而心中的私欲会屏蔽良知,所以必须"破心中贼"。王阳明以这种致良知的方式维护封建统治秩序。以此为据,他还提出了"格君心之非",提出一系列君主规范。王阳明虽然强调人的主体意识和道德人格的自我完善,但并不是只讲个人修养,不讲治民方略。相反,他在治民方略上也多有实践:他多次率兵剿抚民变,并首创十家牌法,组织团练民兵,还订立乡约,兴举社学,旨在使民众革心向化。

在明朝的民本思想家中,李贽是不得不提的人。他反对儒圣、道统等说法,认为孔子的圣人地位是后人所强加的,不应以孔子的言行作为衡量一切的标准,以儒家道统压制异端思想也是不人道的。《焚书》卷一中云:"吃饭穿衣,即是人伦物理;除却穿衣吃饭,无伦物矣。"在他看来,凡人圣人在本源、本性、本能上都具有同一性,并不具有什么差别。众生平等的思想在一众纲常名教的言论中令人耳目一新,他同时强调,人必有私,要充分尊重人的个性、私欲,君主的治民之道首先就该是顺应"民之所欲"。

明朝中期以后,朝廷腐败、社会矛盾加深,权力冲突演变成朋党之争。东林党人是宋明理学的拥护者,他们以理学为政治批判的武器,对社会弊端进行猛烈批判。他们的民本思想可以概括为两点。

读懂民为邦本

一是抑制君权,主张君主重视民生,惩处贪官。《徐念阳公集·卷三》中云:"夫天下至大,亿兆人至众。天为民作之君,君又为天下立之相,是以君以天下为度,不得以天下循其欲也。"二是张扬民意,主张君主立政为公,虚心纳谏。《顾端文公年谱·下》中记载:"是非者,天下之是非,自当听之天下。"东林党人认为芸芸众生置于朝廷之外,能够客观、率直地评价朝廷之是非,因此不能因为民众地位卑贱,就弃其意见于不顾。

清代将皇权推向极致,民本思想也随之达到极致,具体表现为儒家民本思想在批判思潮中依然呈现强韧的生命力和保守性。黄宗羲在《明夷待访录·原君》中将人类历史分为三个阶段:第一个阶段是无君时期;第二个阶段是王者大公无私的时代,即尧舜时代,尧舜时代的君主只为天下兴利除害,不以一己之利为利,公而忘私,因而创造了人类盛世;第三个阶段是秦汉以来君主专制的时代,秦汉以后,君主"以我之大私为天下之大公","使天下之人不敢自私,不敢自利",君主成为天下之大害。因此,黄宗羲主张"天下为主,君为客"。顾炎武的思想和黄宗羲非常相似,他认为天下是天下人的天下,不应属于"一家一姓"。他还指出君主只是一种职业,和农夫、走卒、商人的性质是一样的,并不具有"绝世之贵",顾炎武的思想将孟子的"民贵君轻"发挥到极致。同样,王夫之也认为"以天下论者,必循天下之公""不以一人疑天下,不以天下私一人"。王夫之同黄宗羲一样痛斥秦汉以来的政治制度,认为君主违背天下大公,思其子孙以长久,是天下动乱的主要原因;要根除这种弊端,就必须施行"天子不独富,农民不独贫"的制度。

第一章
民为邦本的历史根脉和思想演进

　　黄宗羲、顾炎武、王夫之的民本思想有以下特点。一是直击社会弊端的根源，提出改造社会的途径。他们都认为君主集中制是社会弊病的主要根源。黄宗羲主张恢复宰相制度，设立相对独立的边镇，实行学校议政制度，倡导工商皆本；顾炎武主张适度强化地方权力，改革育才选官制度；王夫之认为要实行分级而治，主张效仿隋唐，实行逐级负责制度，恢复并完善宰相制度、会议制度等。可以看出，他们的改革措施虽然具有可行性，但并没有脱离封建统治的框架，只是在效仿前朝或回归圣王时期，走的是回头路，而不是革命路。二是包含了一些以往民本思想中所没有的新因素，并在一定程度上反映了当时社会发展的要求。如黄宗羲主张工商皆本，主张发挥士大夫群体的清议作用，接受舆论监督，太学的祭酒、郡县的学官由士人公推，并由他们代表民意。这些提法都与民主思想有相通之处，内含着一定的现代性政治因素。三是依然没有脱离君主专制政治思想的框架。从理论结构上看，他们依然固守君本与民本的二元框架。黄宗羲讲君主是天下大害，又盼望"君心自悟"，圣主降临，然后能采纳他仿效西周王制的"圣王制度"。王夫之的尊君言论非常多，唐甄在痛批君主制度之后又埋头著述，发为君之道，设计理想化的君主政治。

　　明清之际的社会批判思潮将儒家民本思想中的基本思路发挥到极致，为冲破其固有框架提供了可能，黄宗羲等人的民本思想也确实包含着时代的新因素，一定程度上孕育着现代民主的萌芽。但是，这些人还都属于传统政治思维的范畴，并没有真正突破原有框架，"民本与君本"的二元结构体还是相对平衡的，并没有被打破，依然属于我们所研究的旧民本主义思想。

二、近代中国民为邦本思想的丰富发展

鸦片战争的爆发为中国带来一种外来的政治思维,民本思想也发生了裂变与转型。近代以后,被称为民本思想的有两大类型:一类是继续守孔孟之道、保皇权之制度的民本思想;另一类是或借孔孟之道,倡导民权之说,或批孔孟之道,走民主之路的民本思想。

(一)君主立宪派对民为邦本思想的发展

这一时期的思想家和政治家从各自的愿望出发,对民本思想进行了较大范围的发掘、诠释和利用,为民主学说在中国的传播提供了话语和心理上的支持。但如同洋务派始终不能超越"中学为体,西学为用"的模式,他们也始终没有在"民有、民享"的基础上进入"民治"的层面。用这种缺乏"民治"精神的民本思想去审视民主,其结果必然是误读了民主又消解了自己。

一是重民爱民。王韬援引"民惟邦本,本固邦宁"的古训,强调达民情、通民隐、顺民志、强民气、蓄民力、厚民生,认为只有重视和发挥"民"的作用,才能使中国独立富强;而马建忠、薛福成、陈炽等人既强调限制君权和伸张民权,又格外重视"富民"和"利民"。为此,马建忠撰写了《富民说》,薛福成著有《西洋诸国导民生财说》《西洋诸国为民理财说》《用机器殖财养民说》,陈炽同样著有《唐书》和《续富国策》,他们著述当中反复强调的就是"重商

第一章
民为邦本的历史根脉和思想演进

富民和民富而国自强"的道理；张之洞等为首的洋务派官僚和文悌为代表的顽固派，他们的语言文字中也不乏重民爱民的思想主张，他们志在用"抚民""安民"，甚至"保民""养民"的传统德治仁政手段达到"治民"的目的。

二是强调"民权"和"君民共主"。郑观应不仅扩大了"民"的内涵，强调"以商富国，以兵卫商""富兵于民"和保护商民的利益，而且明确要求"设立议院联络众情""合四万万之众如一人"，实行"君民共主"；康有为和梁启超、谭嗣同等维新派也有重民的情怀，但他们更看重民情、民意和民权，甚至可以说他们是借民本思想的箴言来阐述民权和宣传民权的。

三是提倡民权而反对民主。中国的资产阶级主要来自地主与官僚阶层，与封建专制制度有千丝万缕的关系。这时期的资产阶级改良派如王韬等均主张君主立宪，反对民主立宪，一方面要求民权开议会，另一方面认为实行民主立宪乃是"犯上作乱"。

中国思想界提出"民权"的概念，体现了对中国君主专制的批判与改造，也体现了对民本思想的依存与不满。但是在当时的中国，封建势力依然强大。虽然中国的传统道德中也体现对人的尊重，对个人价值的重视，但是主要将人放置在个人与自然的环境整体中去考量。人与人之间主要强调的依然是等级，从而忽视了人的自主性。"民权"相对"人权""民主"概念更为温和，可以有效整合社会各个阶层的力量，使之团结起来，寻找到共同的利益，形成一个强而有力的整体；同时，它对古代的"民本"进行了升华，超越了古代民本的局限，对"民"的概念进行重新定义。"民"不再是封建君主统治下无足轻重的百姓，而是能够参与政治事务的主体，"民"需要渠道和手段来表达自己的利益诉求，于是将"民"与"权利"结合起来，使之在政治上的地位得到提升，使之成为人民保护自身利益的武器，从而使君主独大转变为"君民互制"的局面。

（二）民主共和派对民为邦本思想的发展

孙中山先生顺应时代潮流对传统民本思想进行了空前的创造性发展和超越。其民本思想内容全面系统，既坚决反对封建专制，又积极倡导民主共和，使民本制度化，社会关系和价值观念民主化，而且社会发展以民众的经济生活为重。

孙中山首举彻底反帝反封建的旗帜，"起共和而终两千年封建帝制"。1905年，孙中山提出团结革命力量，在日本东京建立了一个统一的革命组织——中国同盟会。同盟会提出"驱除鞑虏，恢复中华，创立民国，平均地权"的革命纲领。同年11月，在同盟会创办的机关刊物《民报》的发刊词中，孙中山把十六字纲领高度地概括为民族、民权、民生，简称三民主义。孙中山指出："我们三民主义的意思，就是民有、民治、民享。这个民有、民治、民享的意思，就是国家是人民所共有，政治是人民所共管，利益是人民所共享。"

民有方面，孙中山把四万万人看作民国的主人，这与以前国家主人是天子，天子受命于天而管理子民的理论大相径庭。这是对封建国家权力归属的彻底否定，树立了鲜明的民主立场。《孙中山全集·第四卷》写道，"国家乃我人民之国家"，新建的共和国应该是"专恃民力，使吾民能人人始终负责"。《中华民国临时约法》第一章

第一章
民为邦本的历史根脉和思想演进

"总纲"规定,中华民国主权属于国民全体。这是用宪法的形式将主权在民的思想予以明文规定和维护。孙中山还强调,人民、土地、主权是"国家之生存要素","建设真正共和国全靠国民";既然人民是国家的主人,那么执政者便应为民服务。《孙中山全集》中"中华民国者,人民之国也……国中之百官,上而总统,下而巡差,皆人民之公仆也""我们在民国之内……还是要尽忠,不忠于君,要忠于国,要忠于民,要为四万万人效忠""不可居心发财,想做大官;要立志牺牲,想做大事,使全国佩服,全国人民信仰""要预先来替人民打算,把全国的政权交到人民"等论述,分别体现了孙中山的为民公仆论、为民尽忠论、为民牺牲论、为民谋利论。

民治方面,孙中山指出,共和国家,重在民治。民之自治,甚于自觉,欲民之自觉,不可无启导之诱掖之方。既然"共和国为人民之国",那么一切就应合全国人民为之,否则民治就是一句空话。孙中山在设计建国和治国之路时,基本宗旨就是人民国家,人民治理,排除了毫无群众感情基础的政客官僚管理国家的可能性,这也是民治原则在政治实践中的切实体现。在探索实现民治的过程中,他主张人民选举代表,代表受人民委托管理国家,受人民监督,最终实现人民对国家权力的掌控和对国家生活的治理。他重视民众教化,强调人民心智的成熟是民治的思想基础:"灌输学识,表示吾党根本之主张于全国,使国民有普遍之觉悟""进而结束那种官僚舞弊,武人专横,政客捣乱,人民流离的局面",以"根本救国,端在唤醒国民"。辛亥革命后不久,他下令教育部通告各省"从速开学"。1919年10月通过的国民党《宣言》规定:"励行教育普及,增进全国民族之文化。"教学内容反对"忠君""尊孔""读经"的封建思想，代之以现代科学文化知识，培养具有真才实学能为社会服务的青年学生。社会教育方面，重视对民众进行宣传教育，他认为宣传的奋斗，是改变不良的社会，感化人群。

民享方面，在人民当家作主的基础上呼吁人民尽义务，更号召四万万同胞享受作为中国人的权利，强调国内的事情都要人民去管理，国内的幸福要人民来享受。他主张全国人民自由、平等，在《同盟会宣言》中明确提出，国民"皆平等以有参政权"；在《中华民国临时约法》中又进一步明文规定，中华民国人民一律平等，无种族阶级宗教之区别，人民享有人身、居住、财产、营业、言论、集会、出版、结社，以及选举和被选举权等自由平等权利。孙中山坚决主张和宣传男女权利和地位平等，表示"女人能和男人一样地做议员，与闻国家大事""在女子一方面建设民国的国基""要全国男女的政治地位一律的平等"。面对民族问题，辛亥革命初期，他曾郑重提出"五族共和"，后来经过纠正，认为应是中国境内各族一律平等，都是国家主人，且能自决。

然而，孙中山苦心开出的救世良药并没有得到当权的袁世凯、段祺瑞之流的青睐和采纳，中国的政局仍处在一片黑暗之中。孙中山苦苦寻找救国之路，这种道路的转型直接起因于对中国革命力量的判断，即中国境内各阶层谁是真革命者，谁是投机分子，谁最具有革命的彻底性，谁具有妥协性。孙中山晚年的革命活动和他一系列的遭遇使他认识到，中国革命最深厚的力量来自最底层的汪洋大海般的劳苦大众，重民的关键就在于唤起民众进行革命。孙中山晚年毅然接受了共产国际的帮助，1924年改组了国民党，确定了联俄、联共、扶助农工的政策，对"三民主义"进行修正，提出"新三民主义"。民生方面，在"平均地权"的基础上，他补充了"节制资本"，强调"耕者有其田"。节制资本的基本内容是发展国家资本和节制私人资本，把"不能委诸个人及其独占性质者"的企业收归国家经营，对私人资本则采取既保护、鼓励又加以限制的政策，防止其操纵国计民生。这不仅标志着他在政治上的伟大转变，也说明他深切认识到"重民"对完成革命伟业的巨大作用。

当然，我们也不可忽视孙中山民本思想的局限性。一是受时代发展的影响，孙中山的一些主张在革命实践中表现出矛盾性和软弱性，如颁布法令保护私有财产，与地主阶级相妥协；二是孙中山是一位热情的民主革命者，他的某些革命主张还具有一定的主观空想性，如主张不可能的国家利益平均分配。尽管如此，孙中山先生仍是中国近代伟大的革命先行者，历史功绩世人皆仰。毛泽东评论道，从孔夫子到孙中山，我们应当给以总结，承继这一份珍贵的遗产。这对于中国共产党对民为邦本思想的运用、实践和发展，具有重要意义。

第三节　民为邦本的思想精髓

两千多年来，中国历代思想家、政治家站在各自所代表的阶级立场上，对民为邦本的思想内涵作出丰富阐述，民为邦本成为多个学派构建价值体系、搭建理论框架的出发点和落脚点。民为邦本不仅是一种先进的政治思想、美好的社会理想,更是一种修身自省的方法论,指引人们坚持公正不阿的为人之道,秉持大公无私的奉献精神,实现内圣外王的人格追求,切实做到以民为本,坚决抵制任何损害人民利益的行为。

一、民为邦本的政治理念

民为邦本是中国古代政治思想精华,它回答了执政为谁的价值取向问题,解决了国家政权的合法性问题,并以"得民心者得天下"的理念影响中国政治数千年,对于指导中国古代贤能政治建设、表达民心民意、调节君民矛盾发挥了积极而重要的作用,充分彰显中国古人的政治智慧。

(一)贤能政治的逻辑起点

任人唯贤,立国之本,首先要解决什么是"贤"。在不同历史阶段,"贤"的定义有所不同,但在历史发展的长河中趋向一致。孔子推崇"仁、义、礼",孟子倡导"仁、义、礼、智",董仲舒丰富为"仁、义、礼、智、信",并成为儒家五常,概括起来就是德和才两大方面。唐太宗认为用人"必须以德行、学识为本",明太祖对于察举贤才要求"以德行为本、文艺次之",康熙皇帝更是直言"心术不善,纵有才学何用"。这是民心之论,也是选人之戒。所谓"贤能政治",意为执政者为贤能之士,其内在逻辑是只有贤能之士执政才能

第一章
民为邦本的历史根脉和思想演进

使政治良性运转。

德才兼备者为政有常。夏商周时期便强调,只有德才兼备的人才,才能够治理好、发展好国家。孟子强调"为政在人",要求统治者任人唯贤,若任人不当,则会给国家带来许多弊端。荀子继承和发展了孔孟的"举贤"思想,他指出:"足能行,待相者然后进;口能言,待官人然后诏。"这意味着天子需要依靠能臣方能实现对国家的治理。荀子主张贤者治国,并提出"贤能不待次而举,罢不能不待须而废",即如果治理者是一名贤能之人,那么就可以获得破格提拔,反之则可能随时被罢免。在他看来,"故尊圣者王,贵贤者霸,敬贤者存,慢贤者亡,古今一也"。"选贤与能"是君主主要的职务和责任,只有尊重圣人,礼敬贤人,国家才能长治久安,不然将走向灭亡。

以人为本是贤能政治的逻辑起点。《尚书》中有"九德"说,《太公六韬》中有"六守"说,《墨子》中有"三表法",《管子》亦载:"一曰德不当其位,二曰功不当其禄,三曰能不当其官,此三本者,治乱之原也。"古代以"以德治国"作为统治社会的依据,孔子以德治思想为前提,强调"以政为德"的治国之道。治理者要想做出一番大事业,就必须"正其身",时刻秉持"民者,万世之本,不可欺"这一良好的执政理念,并以是否符合国家百姓的根本利益作为衡量是非的标准,正如《墨子·非命》中所言:"发以为刑政,观其中国家百姓人民之利。"

"人皆可以为尧舜"是贤能政治的旨归。在儒家先哲看来,每个人都可以成为贤能之士,继而参与国家治理。从本质上来说,任贤使能就是打破血缘关系下的宗法等级制度，并按照其实际贤能程度进行选举提拔。这种选举方式在中国古代，是一项十分开明的政治选贤举措。孟子说："圣人之于民，亦类也。"人的道德品行都可以实现自我提升，特别是通过后天努力与汲取优良美德。一个在道德品质上逐渐完备的人，就具备了"治国平天下"的德行资格。

（二）民意的表达方式

何为"民心"？"民心"一词最早出现在《左传》中："六物不同，民心不壹，事序不类，官职不则，同始异终，胡可常也？"在中国古人看来，只有拥有良好的民众基础才能够更好地实现统治，才能够获得民众的支持和信任。作为先秦儒家的开创者，孔子视民心与君心为一体，将民心与执政的合法性紧密相连，《礼记》载孔子之言："民以君为心，君以民为体。心庄则体舒，心肃则容敬。心好之，身必安之。君好之，民必欲之。心以体全，亦以体伤。君以民存，亦以民亡。"孔子认为，民心与君心是相通的，通过获取民心能够得到天下，民心能够保证政权的稳定，是政治合法性的本质。要获取民心，就要重视民意。

先秦时期，《尚书·洪范》中记载周灭商后，大臣箕子给周武王讲述九条治国大法，其中第七条表示"汝则有大疑，谋及乃心，谋及卿士，谋及庶人，谋及卜筮"，虽充满神秘色彩，但本意为重视并听取民意。《孟子·梁惠王下》写道："左右皆曰贤，未可也；诸大夫皆曰贤，未可也；国人皆曰贤，然后察之；见贤焉，然后用之。左右皆曰不可，勿听；诸大夫皆曰不可，勿听；国人皆曰不可，然后察之,见不可焉,然后去之。"在此,孟子把要参考和听从民意的思想表述得非常明确,表明政治决策时参考和听从民意的重要性。

荀子作为先秦儒家政治思想的集大成者,对于民心与政治秩序的关系多有阐发:"天之生民,非为君也;天之立君,以为民也。"在他看来,民心主要强调民众意志和意愿,它将民众的心理更好地展现出来,由此可以反映出民众对统治的认可程度。在民众看来,好的执政者就是贤能之士。民众之所以对贤能者心怀敬仰之情,就是因为他们代表着民意。

百姓渴望获得明君,由圣贤之士治理国家,而且贤能者能以"天下之父母"的名义为民众提供社会服务。上至循吏将体察民情列入治理政务之中,表达民众利益的诉求,为民众排忧解难,如《史记·循吏列传》曰"循,顺也,上顺公法,下顺人情也";下至古代乡村治理的基本制度"乡绅之治","绅权"具有维护民意的职能,当其与皇权共同承担政治治理时,绅权就会将民意从最底层传递到上层。乡绅之所以在平民百姓中拥有较好的形象,不仅仅因为双方有着共同的利益,更关键的一点在于其对民意的表达。

(三)君民关系的调节优势

民心向背决定政权的合法性和国家的稳固性。在中国传统政治文化当中,"得民心者得天下"成为民心与政治良好融合的关键。"民心"的作用就是"得天下",从而实现政权统治的正当性。孟子曾说"民为贵,社稷次之,君为轻",就是将民心作为政治决策中最为重要的参照。明君进行重大决策时,通常将百姓放在首位,考虑是否符合百姓利益诉求，是否满足百姓意愿。明主秉持"得其民，斯得天下矣"的理念，主要侧重于如何安民、利民、惠民、富民、恤民、亲民。《吕氏春秋》所言"古之君民者，仁义以治之，爱利以安之，忠信以导之，务除其灾，思至其福"，《左传》所载"国将兴，听于民；将亡，听于神"，都强调了爱民、利民是其长治久安的根本。

监于民意，恭行天罚。《尚书·酒诰》中记载："古人有言曰，人无于水监，当于民监。"这种以民为鉴的思想对后世统治者具有积极影响。《孟子·梁惠王下》亦记载："齐宣王问曰：'人皆谓我毁明堂，毁诸？已乎？'孟子对曰：'夫明堂者，王者之堂也。王欲行王政，则勿毁之矣。'"这是强调将舆论作为检查政治行为得失的镜子，若不听民众监督的建议，施行暴政，便会被"恭行天罚"。先秦时期，无论是商汤讨伐夏桀，还是周武王攻打商纣，都是以"恭行天罚"为使命的。商汤誓词为"尔尚辅予一人，致天之罚"，周武王誓词为"尔其孜孜，奉予一人，恭行天罚"。所谓"恭行天罚"就是替天行道，民众革暴君、暴政之命的正义性和合法性在一定程度上达到了限制君权的目的，能够让君王执政时考虑民生、施行德治，进一步调整君民关系。

听取民意并不意味着盲从。在政治决策的过程中，执政者对于反馈上来的民意不能盲目顺从，要经过谨慎考察才能下最终结论。"夫听察者，乃存亡之门户，安危之机要也。若人主听察不博，偏受所信，则谋有所漏，不尽良策；若博其观听，纳受无方，考察不精，则数有所乱矣。"执政者须从各个方面聆听和考察，对政策做出适当调整，这也是国泰民安的核心要素。贤能之士聆听民意，在君与民之间建立起沟通的桥梁，通过对民意的采集，君主能够因民制宜，很好地调节君民关系。

二、民为邦本的社会理想

民为邦本不仅是一种先进政治思想，更内蕴着天下大同的美好社会理想。大同社会理想坚持富民利民的治国之道、均平扶弱的损益之道、维护正义的社会之道，形成促进社会发展、维护社会稳定的一系列价值准则和伦理规范。

（一）富民利民的治国之道

治国之道，富民为始。从屈原"长太息以掩涕兮，哀民生之多艰"的感慨，到杜甫"安得广厦千万间，大庇天下寒士俱欢颜"的憧憬，再到孙中山"家给人足，四海之内无一夫不获其所"的夙愿，都反映了中华民族对摆脱贫困、丰衣足食的向往。富民利民是国家建设的物质前提，也是民为邦本的内在要求。

民富则国富，国富则易治；反之，民穷则国衰，国衰则易乱。《管子·治国》中云："凡治国之道，必先富民。民富则易治也，民贫则难治也。奚以知其然也？民富则安乡重家，安乡重家则敬上畏罪，敬上畏罪则易治也；民贫则危乡轻家，危乡轻家则敢凌上犯禁，凌上犯禁则难治也。故治国常富，而乱国常贫。"在管子看来，国家建设的首要目的是实现人民富裕，只有人民富裕方能实现国家长治久安，人民贫穷便容易发生动乱、社会不稳定。他指出"仓廪实，知礼节，衣食足，知荣辱"，进一步强调富民是教民的基础。孔孟亦主张此观点，《论语》中云："百姓足，君孰与不足？百姓不足，君孰与足？"在孔子看来，百姓足是君富的前提条件，君之贫富取决于民。

要想实现富民，需做到利民。民众是经济发展的基础性力量，为实现民富，孔子提出"因民之所利而利之，斯不亦惠而不费乎""道千乘之国，敬事而信，节用而爱人，使民以时"等利民思想。随着朝代的更替，"省刑罚""轻徭薄赋""藏富于民"等利民思想得到丰富和发展，《孟子·梁惠王上》中便记载了"使民以时"的具体要求以供统治者参考："五亩之宅，树之以桑，五十者可以衣帛矣；鸡豚狗彘之畜，无失其时，七十者可以食肉矣；百亩之田，勿夺其时，八口之家可以无饥矣；谨庠序之教，申之以孝悌之义，颁白者不负戴于道路矣。"可见，我国古代经济伦理始终将富民摆在首位，以此作为处理国家与百姓经济关系的首要准则。

（二）均平扶弱的损益之道

均平思想是中国古代思想家为缓解贫富分化、维系社会稳定所做的方案设计，是古代朴素民本思想的直接表达。对此，先秦诸子均有阐发。晏子提出"权有无，均贫富""取财于富有者，以调剂贫乏者"的主张；老子有过"损有余而补不足""有余者损之，不足者补之"的哲思；孔子发出"不患贫而患不均"的警示，规划"均无贫，和无寡，安无倾"的社会理想；管子把"贫富之不齐"视为国

第一章
民为邦本的历史根脉和思想演进

家"法令之不行,万民之不治"的根源,认为君王治世的最高境界应是"安高在于同利"。

自先秦诸子阐发后,对利益分配"公正均平"的价值期待,经过长期的历史浸染,成为中国人孜孜以求的深刻情愫和共同心态,也一直影响着中国的社会治理方向和分配方式。从统治者的治国取向来看,历代施政者为巩固统治地位所推行的政策,如汉代剥夺富商的"告缗令"、北宋王安石的方田均税法和张载的"井地治天下"等,都是以均平理念为思想基础和价值支撑的。从底层民众的基本诉求来看,历代农民起义的口号如"苟富贵,毋相忘""等贵贱,均贫富""均田免粮"等,也都反映了民众对均平传统的价值认同和情感共鸣。

博施济众、扶危济困。关于如何彰显人的责任,儒家认为,忠恕之道是最基本的原则。因此,在儒家看来,人的价值只有在人际交往中,在为他人不计功利的付出中,才能彰显出来。朱熹在《庚子应诏封事》中说:"天下国家之大务莫大于恤民,而恤民之实在省赋,省赋之实在治军。若夫治军省赋以为恤民之本,则又在夫人君正其心术以立纪纲而已矣。"朱熹谈到的恤民、省赋、治军、正君正是扶危济困的践行之道。在民为邦本思想下,历代的统治者、思想家、政治家以及民间士绅、百姓群策群力,建立了囊括弃婴养育、助学济困、贫病救治、养老善终、理丧恤葬、失业救济在内的社会保障体系。

(三)维护正义的社会之道

治人为本,治法为径。传统儒家法治观认为,治人是国家治理之根本,而治法更多是一种为了达到目的所采取的手段。中国古代对法的解释有两种:从广义讲,法是指所有依据政治原则而制定的规章和制度;从狭义讲,法是指刑罚。从刑罚的角度来讲,先秦儒家主张对百姓以教化为主,反对滥用刑罚。从政治原则、规章和制度方面来讲,孔子主张"谨权量,审法度,修废官,四方之政行焉",孟子说"上无道揆(度)也,下无法守也,朝不信道,工不信度……国之所(或)存者幸也"。荀子总结三代以降的历史经验,认为三代既有治人又有治法,所以才能天下大治。

以法制暴,依法维公。在民为邦本思想的引领下,君臣以治人资格要求自己,制定维护正义的相关法律法规。《韩非子·守道》中指出:"强不得侵弱,众不得暴寡。"在韩非子看来,法律应该维护社会正义,除暴安良,保护处于弱势的民众不受侵犯,只有建立法治和术治,设置各种规矩,才是对民众最有利的,是方便民众的道路。当旧的礼制不能维护人民的利益时,便不应遵循,法应服务于人民,正如《商君书·更法》中记载:"法者所以爱民也,礼者所以便事也,是以圣人苟可以强国,不法其故;苟可以利民,不循其礼。"

法律面前,人人平等。《管子·任法》中云:"有生法,有守法,有法于法。夫生法者,君也;守法者,臣也;法于法者,民也。君臣上下贵贱皆从法,此谓为大治。"在管仲看来,法律需要具有至高无上性、统一性、适时性、强制性,只有上到君主、下到臣民都遵守法律，才能达到所谓"大治"。《商君书·赏刑》中亦记载："所谓一刑者，刑无等级，自卿相、将军以至大夫、庶人，有不从王令、犯国禁、乱上制者，罪死不赦。"先秦法家提出的"一刑""刑无等级"等思想提高了民众的生活地位，初步体现了法律面前人人平等的理念。

三、民为邦本的道德境界

马克思、恩格斯强调，"一切以往的道德论归根结底是当时的社会经济状况的产物""但是这并不排斥思想领域也反过来对这些物质条件起作用"。民为邦本作为高尚的道德境界，主要表现在道德认知境界和道德实践境界，体现了道德境界的最高层次，对社会有积极的反作用。

（一）持正不阿的为人之道

正即"正道"。为政以正，就要明大德，走正道。《礼记·礼运篇》中云："大道之行也，天下为公。"这个大道就是"正道"，就是孔子所描绘的"人不独亲其亲，不独子其子。使老有所终，壮有所用，幼有所长，鳏寡孤独废疾者，皆有所养"的大同世界；就是我们今天的"为中国人民谋幸福，为中华民族谋复兴"的初心使命。可见，持正不阿意味着以天下人的利益为旨归。

正即"正义"。为政以正，就要守公德，崇正义。《墨子·天志下》中记载："义者，正也。何以知义之为正也？天下有义则治，无义则乱，我以此知义之为正也。"《韩非子·饰邪》中云："修身洁白而行公行正。"《忠经》说："邪则不忠,忠则必正,有正然后用其能。"可见,持正不阿是指道德行为主体在面对客观世界时,体现出来的守死善道、伸张正义、不奴颜媚骨的道德精神和伦理气质。

正即"正身"。为政以正,就要严私德,正其身。孔子认为,"正己"是"正人"的前提,一个人"苟正其身矣",那么"于从政乎何有"?如果不能端正自己,又怎么去端正别人呢!荀子继承发展了孔子的思想,对"正己""正义而为谓之行"提出了要求,即按正当礼仪做事就是有德行。

如何做到持正不阿?《潜夫论·潜叹》中云："唯公然后可正天下。"大意是怀有一颗大公无私的心,处事才能"无偏无颇",实现"公"与"正"的完美结合。蔡襄认为,"礼"是"明轻重尊卑之节"的,是维护封建等级的行为规范。"循礼"或是"违礼",是区分"正""邪"的一个重要标志。在他看来,维护正义,需要遵循礼法,于是便有了反对为温成皇后立忌、作志文、写碑文,反对立园陵监护司等行为,即便触犯君上,亦要持正不阿。朱熹认为"制欲"是最基本的方式和原则。一个人只要在欲望面前不动心,静如止水,那么持正不阿就容易做到。在他看来,"制欲"的宗旨就是"止于所不见,则无欲以乱其心",正如《朱子语类》中云："非礼勿视,勿听,勿言,勿动四者用力。"这样就可以达到"艮其背",做到"制欲",也就是"不见可欲,其心不乱"的境界。

持正不阿的为人之道历经朝代更迭依旧对世人产生影响。胡适认为,朱熹这种学说深入人心之后,不知不觉地使个人的价值抬高,使个人觉得只要有理可说,富贵利禄都不足羡慕,威武刑戮都不足畏惧。今天，公正作为社会主义核心价值观的重要内容，对人们的影响极大。

（二）大公无私的奉献精神

道德境界有层次之分。在马克思主义看来，划分道德境界的水平高低，只能根据人们对公私关系的认识和处理公私关系的态度来进行，因为道德要求人们摆正个人在社会生活中的位置，调整好个人利益同他人利益、社会整体利益的关系。由于人们对社会整体利益认识程度不同，在对待和处理公私关系时的态度不同，因而在道德境界中也会显示出极大的差异性。

大公无私是共产主义道德品质的最高境界。处于这种境界的人，毫不利己，专门利人，对工作极端负责任，对人民极端热忱，他们心里想的全是人民、集体、社会和共产主义事业，他们毫不计较个人的安危和得失，为了社会的进步，为了人民的幸福，为了共产主义事业的发展，呕心沥血，鞠躬尽瘁，不惜牺牲个人的生命。

大公无私是民为邦本思想的内在要求。在民为邦本思想下，执政者、官员须坚持一心为民，廉洁奉公，公而忘私。是诸葛亮的"鞠躬尽瘁，死而后已"，既安抚百姓、遵守礼制，又为一统天下付出生命；是杜甫的"安得广厦千万间，大庇天下寒士俱欢颜"，即便自己深陷困境依旧担忧天下寒士；是陆游的"位卑未敢忘忧国，事定犹须待阖棺"，一生为光复失地、重整山河而奔走呼号；是范仲淹的"先天下之忧而忧，后天下之乐而乐"，即便被贬依旧心系人民与天下；是张载的"为天地立心，为生民立命，为往圣继绝学，为万世开太平",让天下百姓都有安身立命之处。

(三)内圣外王的人格追求

"天下之本在国,国之本在家,家之本在身。"修身是齐家、治国、平天下的起点,是实现民为邦本的前提。作为一种以道德人本主义为基础的政治理想,内圣外王之道将儒者内在的个人心性修养落实到外在的齐家、治国、平天下的过程之中,从而将齐家、治国、平天下看作个人心性修养的实践检验过程。

"内圣外王"一词虽然契合儒学的核心本质,但最先提出这个概念的是庄子,出自《庄子·天下》篇。庄子云:"圣有所生,王有所成,皆源于一(道)。"内圣外王的渊源是古代圣王,所谓圣王,是指德才超群达于至境之古代帝王,尧、舜、禹、汤、文、武等就是圣王的典型。孔子是内圣外王之道的开创者,虽然孔子、孟子、荀子等先秦儒家没有用内圣外王这一词语来阐述先王之道,但他们的理论和实际行动都贯彻内圣外王之道。内圣外王由"内圣"与"外王"这一阴一阳两方面组成。"内圣"就是个体生命"内求于己",达到圣人的道德修养,把自身的道德完善作为自己追求的最高理想;"外王"就是"外用于世",强调"修己安人""修己安百姓"。

孔子认为,内圣与外王相统一,内圣是外王的前提与基础,外王是内圣的自然延伸和结果。他追求"吾道一以贯之",即把修己的功夫,向外延展到家齐、国治、天下平。立德的同时可以立功,达到极其圆满的人生境界。孟子承孔子之绪,主张性善论,认为把弄丢的道德本心找回来,便可以体认自己的仁义礼智之性,从而踏上

第一章
民为邦本的历史根脉和思想演进

成圣成贤的道路,为内圣提供了一个让人安心定志的理论基础。《孟子》中记载:"人皆有不忍人之心……以不忍人之心,行不忍人之政,治天下可运乎掌上。"可见,成圣成贤之后还必须达于天下,这为外王设计了一个面向现实的操作方案。荀子深挖孔子的礼治思想,将学说的重点放在外王上,提出礼法并重的创见。在他看来,只有将礼制与刑法相结合,才能够治理好国家。

《大学》中对内圣外王进行了系统阐述:"古之欲明明德于天下者,先治其国;欲治其国者,先齐其家;欲齐其家者,先修其身;欲修其身者,先正其心;欲正其心者,先诚其意;欲诚其意者,先致其知;致知在格物。"这是将格物、致知、诚意、正心、修身归于内圣,将齐家、治国、平天下归于外王,各个条目之间由小及大、由近及远、由内而外。在中国历史上,有许多这样的大儒,如范仲淹、王阳明、曾国藩等,他们不仅自身修养境界高,而且在事功上有建树,诠释的是道德对于个体生命的终极价值。

第二章

马克思主义理论与民为邦本的契合性

第二章
马克思主义理论与民为邦本的契合性

19世纪40年代，发生了两个具有深远影响的事件。第一，在东方的中国，鸦片战争的爆发打破了大清帝国的宁静和天朝上国的幻想，中华民族陷入半殖民地半封建社会的苦难深渊，开启了一段充满挑战的近现代斗争历程。第二，在西欧资本主义工业化的背景下，一个具有革命性、颠覆性的新思想诞生了，它摒弃了传统思维和旧观念，对世界历史进程产生了深远影响，这就是以唯物史观为基础的马克思主义。在接下来的近80年里，中华民族为了寻求救亡图存的道路，不断奋起抗争，经历了一段充满牺牲与泪水、生命与死亡、悲伤与喜悦交织的岁月。与此同时，马克思主义在与各种思潮的较量中逐渐壮大，从理念走向行动，从知识界走向工人阶级，从西欧传播到世界各地。这两个相隔万里的历史性事件，在20世纪20年代前后发生了实质性的交汇。当时，中华民族仍在艰难探索前行的道路，而马克思主义则代表着先进的理念，具有思想引领作用。当两者在特殊的时间和空间相遇，立刻产生了巨大影响。实践接纳了思想，并得到思想的指导，思想又通过实践得到检验。这一交汇，奏响了一曲雄壮的时代乐章。

为何在众多社会改革理论中，马克思主义能够独树一帜，在中国这片土地上生根、发芽、开花和结果呢？要知道，在马克思主义进入中国的同时，还有许多团体和派别宣扬或尝试过各种主义和思潮，改良主义、自由主义、社会达尔文主义、无政府主义、实用主义、民粹主义、工团主义等"你方唱罢我登场",但这些思潮因最终未能解决中国走向何方的前途与命运问题而被淘汰。马克思主义之所以能在众多社会改造学说中脱颖而出、在中华大地上扎下根来,除却马克思主义本身具有的科学性和卓越性之外,更是因为马克思主义和中华优秀传统文化在多层面、多领域具有接近或相通的思维认知和精神追求。正如窦宗仪先生所讲:"大凡一种思想体系和制度要移植到另一种思想体系和制度内,两者如果越接近就越容易开花结果,两者如果差距过大,那就很难适应。历史上的两种文化的交融演变,大致都遵从这个历史法则。"这一论述也为我们提供了一个视角,来理解马克思主义如何在中国这样一个具有深厚传统文化的国家中生根发芽。马克思主义的一些基本原则,如对公平正义的追求、对人民福祉的关注等,与中华优秀传统文化中的民本思想、仁爱思想等有着内在的一致性。这种相似性为马克思主义在中国的传播和实践提供了丰富的文化土壤和思想基础,使其能够与中国的实际情况相结合,形成中国特色社会主义理论体系。

马克思主义与中华优秀传统文化中的民为邦本思想,虽然有着不同的文化本质、历史背景、阶级属性和理论诉求,但通过深入探究便可知,二者在本质上具有相通性和契合性。马克思主义的历史观、实践观与共产主义理想,与中华优秀传统文化中倡导的民为邦本思想高度契合。探讨马克思主义与中华优秀传统文化中民为邦本思想的内在联系与融合点,不仅有助于更深刻地理解二者的契合之处,更有助于深入领会中国共产党百年来对"民为邦本"的不懈追求,思考新时代新征程我们如何继续践行民为邦本。

第二章
马克思主义理论与民为邦本的契合性

第一节　马克思主义历史观与民为邦本的本质属性相契合

历史观是对历史的本质、发展规律、历史研究方法等根本问题的看法和理解。它是人们在认识和解释历史现象、历史过程时所持的基本立场和观点。不同的历史观反映了不同的世界观和价值观，对人们认识和改造世界具有指导作用。马克思主义历史观，也称为历史唯物主义，是马克思和恩格斯创立的一种关于人类社会发展规律的科学理论。它是马克思主义理论体系的核心组成部分，为理解社会发展、政治变革和经济基础与上层建筑的关系提供了深刻的洞察。马克思主义的唯物史观思想内涵丰富，可主要概括为以下三个方面。一是社会存在决定社会意识。人们的社会存在，即他们的生产方式和物质生活条件，是社会意识形态的基础；人们的意识、政治观点、法律观念、宗教信仰等社会意识形态，都是基于物质生活条件的反映。二是生产力与生产关系的矛盾运动。生产力是指生产工具和劳动者的技术水平，而生产关系是指人们在生产活动中形成的相互关系，包括所有权和分配方式等。唯物史观认为生产力的发展是推动社会历史发展的根本动力，生产力和生产关系之间的矛盾是社会发展的主要矛盾；当生产关系不再适应生产力的发展时，就会引发社会变革，推动社会向前发展。三是经济基础与上层建筑的关系。唯物史观提出，社会的经济基础决定上层建筑。经济基础是指社会的生产方式，包括生产力和生产关系。上层建筑包括国家的政治法律制度和宗教、哲学、艺术等社会意识形态。经济基础对上层建筑具有决定作用,而上层建筑对经济基础也有反作用。唯物史观强调人民群众在历史发展中的主体作用,认为历史是由广大劳动人民的实践活动所创造的,这与中华优秀传统文化中的民为邦本思想有着相通性和高度契合性。

一、历史创造:"物质资料的创造者"与"来自人民"

同唯心史观相对立,唯物史观立足于物质生产活动对于人类生存与发展的决定性作用。纵观不同社会形态之间的更替,社会发展史首先是物质资料生产发展的历史,是社会生产方式新陈代谢的历史。人们首先必须满足基本物质需要,然后才能进行其他社会活动。因此,物质资料的生产是人类社会存在和发展的基础。马克思将物质资料的生产描述为人类社会的基石,"正像达尔文发现有机界的发展规律一样,马克思发现了人类历史的发展规律,即历来为繁芜丛杂的意识形态所掩盖着的一个简单事实:人们首先必须吃、喝、住、穿,然后才能从事政治、科学、艺术、宗教等等;所以,直接的物质的生活资料的生产,从而一个民族或一个时代的一定的经济发展阶段,便构成基础,人们的国家设施、法的观点、艺术以至宗教观念,就是从这个基础上发展起来的,因而,也必须由这个基础来解释,而不是像过去那样做得相反"[1]。

---

[1]《马克思恩格斯选集》第3卷,人民出版社2012年版,第1002页。

第二章
马克思主义理论与民为邦本的契合性

物质资料的生产方式决定了社会的性质和面貌。正如马克思所指出的,"人们在自己生活的社会生产中发生一定的、必然的、不以他们的意志为转移的关系,即同他们的物质生产力的一定发展阶段相适合的生产关系。这些生产关系的总和构成社会的经济结构,即有法律的和政治的上层建筑竖立其上并有一定的社会意识形态与之相适应的现实基础。物质生活的生产方式制约着整个社会生活、政治生活和精神生活的过程。不是人们的意识决定人们的存在,相反,是人们的社会存在决定人们的意识"。

马克思提出五种社会形态的更替理论,即原始社会、奴隶社会、封建社会、资本主义社会和共产主义社会,每一种社会形态都有其特定的生产方式,并且随着生产力的发展而更替。在原始社会中,人们主要使用石器等简单工具从事生产活动,生产力水平非常低,因此形成了财产共有、集体劳动的生产关系和以血缘关系为基础的部落公社制度。随着人们开始使用青铜器等金属工具,人类社会发展到奴隶社会阶段,这时的生产力水平与原始社会相比有所提高,生产关系也变为奴隶制。奴隶主拥有生产资料和奴隶,进行阶级统治;奴隶是生产工具,被剥夺自由,进行无偿劳动。封建社会时期,铁器的广泛使用和农业技术的进步使生产力水平得到进一步发展。此时主要的生产资料——土地为地主所有,农民依附于地主,缴纳地租。基于这种土地的私有制,封建等级制度得以建立。在资本主义社会阶段,工业革命与科技革命带来机械化大生产,使得生产力产生巨大飞跃,并形成了资本主义生产关系。资本家拥有生产资料,如工厂、机器、原材料等,而工人则不拥有生产资料,只能出卖自己的劳动力以换取生活所需。资本家追求最大化利润，而工人追求更高的工资和更好的工作条件，这导致两者之间存在根本矛盾。马克思预言，资本主义社会的内在矛盾激化后，会通过社会革命或其他方式发展为更高级的社会形态，如社会主义和共产主义。在这些更高级的社会形态中，生产力水平的高度发展和生产资料的公有将成为主要特征。

那么，谁来承担物质资料的生产呢？马克思强调社会历史的主体是"现实的个人"，就是"以一定的方式进行生产活动的一定的个人，即在一定的物质的、不受他人任意支配的界限、前提和条件下生产自己的物质生活资料的人们"。这说明，在马克思看来，人民群众是物质资料生产的直接承担者，因而社会发展的历史亦为人民群众创造活动的历史。作为社会历史范畴的人民群众，一般指代推动历史发展的绝大多数社会成员的总和，其主体为从事物质资料生产的劳动群众。"无论不从事生产的社会上层发生什么变化，没有一个生产者阶级，社会就不能生存。可见，这个阶级在任何情况下都是必要的"。相应地，人民群众创造历史的首要表现在于，他们是社会生产的承担者，是社会物质生活资料的生产者，也是社会物质财富的创造者。

马克思主义认识到生产者在社会中的重要性，强调劳动者在创造物质财富和社会进步中的决定性作用。这与中华优秀传统文化中的民为邦本思想有着相通之处。以民为本是中华优秀传统文化特别是中国古代政治思想精华。中国古代社会高度重视人民的劳动和贡献，认为国家的繁荣和强盛建立在人民的物质生产基础之上。自夏

第二章
马克思主义理论与民为邦本的契合性

商周时起,一些思想家即看到人民群众在社会历史发展中的重要地位,认识到民生问题同国家兴亡之间的联系,形成了民为邦本的观念。民众为国家之根本,只有根本牢固,即民心稳定、民众安康,国家才能够安宁。早在《周易》中就出现了与民为邦本相一致的表述:"然在上治民,就如山在地上。厚其地,山便不颓;厚其民,上便不危。"《荀子·富国》中亦提道:"足国之道,节用裕民,而善藏其余。节用以礼,裕民以政。"这些言论不仅体现了中国传统文化中对人民作为物质资料生产者的重视,也反映了古代政治家和思想家对民生和社会稳定的深刻理解。

二、社会变革:"人民史观"与"依靠人民"

除物质生活的生产之外,人民群众创造历史还表现为他们是社会变革的决定力量。马克思、恩格斯在《共产党宣言》中疾呼:"让统治阶级在共产主义革命面前发抖吧。无产者在这个革命中失去的只是锁链,他们获得的将是整个世界。"他们认为无产阶级广大人民群众的一部分的参与是社会变革成功的关键。

历史反复证明,一切真正的革命运动,实质上皆为人民群众自己起来动摇直至摧毁那些腐朽落后的社会制度的斗争,人民群众的斗争始终是推翻旧社会和建立新社会的决定性力量。任何缺乏广大人民群众真正参与的社会变革,最终都不可避免地走向失败。

太平天国运动是中国农民战争的高峰,沉重地打击了清王朝的封建主义统治,并在其后期有意识地向西方学习,探索中国独立富强的途径。但农民阶级固有的局限性使其无法提出完整、正确的政治纲领和社会改革方案。最终,太平天国运动在中外势力的联合绞杀下失败了。

辛亥革命推翻了在中国存在两千多年的封建专制主义的君主制度,建立了资产阶级民主共和国,打击了帝国主义列强在中国的殖民统治,为中国民族资本主义的发展创造了有利条件,使人民获得了一些自由和民主的权利。然而,由于中国资产阶级的软弱性和局限性,他们不愿意同帝国主义完全决裂,也不能摧毁封建势力,更不能代表最广大人民的根本利益,因此无法发动和依靠广大人民群众进行彻底的社会革命。这都使辛亥革命在实现国家统一、社会改革、民主制度稳固等方面存在不足,未能完全实现其革命目标。

中国共产党领导的新民主主义革命结束了中国长期受外来侵略和封建统治的历史,实现了民族独立和人民解放,为后续的社会主义革命和建设奠定了基础。在这场革命中,中国共产党建立了广泛的统一战线,团结了工人、农民、知识分子、城市小资产阶级、民族资产阶级和其他反帝反封建的力量。正是这种广泛的民众基础,为革命的最终胜利提供了坚实的保障。

不难看出,人民群众的参与是中国近现代史上社会变革成功的关键。那些缺乏广大人民群众真正参与的变革,如某些改良运动和局部起义,往往因为缺乏深厚的群众基础而难以成功或持续。这些历史事件反复证明了人民群众在社会变革中的决定性作用,恰如马克思在《路易·波拿巴的雾月十八日》中所说:"人们自己创造自己的历史,但是他们并不是随心所欲地创造,并不是在他们自己选定

第二章
马克思主义理论与民为邦本的契合性

的条件下创造,而是在直接碰到的、既定的、从过去继承下来的条件下创造。"

中华优秀传统文化中民为邦本的思想体系不仅包含了重民轻神的神民关系和民贵君轻的君民关系,强调民众之于国家存亡和政权续绝的决定性作用,更总结了王朝兴衰成败的历史规律,承认民众在受到君主残暴统治时可以推翻旧有统治。

中国古代文化中重民轻神的神民关系体现了一种伦理政治价值观的转向,强调民众的利益高于神的意志。孔子在《论语》中提出"务民之义,敬鬼神而远之,可谓知矣",主张应当优先考虑民众的义务和责任,对鬼神持敬畏之心但保持适当距离。当子路问及孔子如何事鬼神的时候,孔子的回答是:"未能事人,焉能事鬼。"可见,在孔子的心目中,人比神显然要重要得多。同样,反映春秋战国之交社会思潮的《左传》也体现着重民轻神的思想,谓"民之所欲,天必从之",甚至明确提出了"民为神主"的主张,认为人是神的主人,人掌控着神。这在天人关系的认识上是一个很大的突破。《桓公六年》记载季梁阻止随侯追击楚国,表达了他关于人神关系的观点。季梁提出"夫民,神之主也。是以圣王先成民而后致力于神"的主张,是"民为神主"这一观点的直接表述。

春秋时期的重民思想对后世产生了极大的影响,由神权至上到重民轻神,将人们的思想一步一步引向充满人文精神的光明大道。到了战国时期,孟子在此基础上提出"民贵君轻"的思想,谓之"民为贵,社稷次之,君为轻",认为君王只有赢得民众才能统治天下,把民心向背作为君王统治天下的最重要的因素。孟子甚至还直接反对残酷暴戾的君王，否定君主的个人绝对权威，正所谓："君有大过则谏，反复之，不听，则易位。"作为儒家的另一位重要代表人物，荀子政治哲学的基本立场，无疑是主张为政应以民为本。《荀子·大略》篇中"天之生民，非为君也；天之立君，以为民也"的论断，强调君民之间是一种依存关系，君依赖民而存在，这种依存关系是君民关系的基础。

通过对王朝兴衰成败的规律进行总结，许多中国古代思想家和学者发现，历史上的王朝更迭往往与统治者是否得到人民的支持有关。民心向背在很大程度上决定了王朝的兴衰，即"得民心者得天下"；反之，"失民心者失天下"，民众在受到君主残暴统治时往往会推翻旧有统治。如孟子在《孟子·梁惠王下》中提出："贼仁者谓之贼，贼义者谓之残，残贼之人，谓之一夫。闻诛一夫纣矣，未闻弑君也。"这表明，如果君主残暴不仁，失去民心，那么人民有权推翻这样的统治者。《左传·宣公十五年》中记载了晏婴的话："君为社稷死，则死之；为社稷亡，则亡之。若为己死而为己亡，非克私昵，谁敢任之？"大意是如果君主不为国家和人民的利益考虑，只为私利，那么人民没有义务忠于这样的君主。明末清初思想家黄宗羲在《明夷待访录》中提出"天下为主，君为客"，认为天下（即民众）是国家的主人，而君主只是客人，如果君主不为民众着想，民众有权更换君主。

需要厘清的是，马克思主义人民史观是建立在科学社会主义理论之上的，强调阶级斗争和无产阶级革命，认为推动社会向前发展的根本动力在民众，其目标是实现共产主义。古代民为邦本思想则更多从统治阶级的角度出发,强调统治者应该如何重视和利用民众力量以维护国家的稳定和繁荣。从其产生和发展的过程和语境来说,古代民为邦本思想并不具有现代性,也没有达到马克思主义从历史根本动力看人民群众作用的思想高度。但是就承认人民在社会历史发展中的地位和作用、肯定人民力量而言,民为邦本思想与马克思主义唯物史观是契合的。民为邦本和坚持人民至上之间具有高度契合性,在今天依然有强大的生命力和影响力。

三、价值目标:"全人类利益最大化"与"为了人民"

习近平总书记在纪念马克思诞辰 200 周年大会上指出:"马克思主义第一次站在人民的立场探求人类自由解放的道路,以科学的理论为最终建立一个没有压迫、没有剥削、人人平等、人人自由的理想社会指明了方向。"马克思将解放无产阶级进而解放全人类作为自己一生孜孜不倦的终极追求。《共产党宣言》中,马克思、恩格斯明确指出这一目标:"代替那存在着阶级对立的资产阶级旧社会的,将是这样一个联合体,在那里,每个人的自由发展是一切人的自由发展的条件。"这表明,共产党人的最终目的是构建一个每个人的自由和全面发展都不再受到限制的社会,即全人类利益最大化的社会。

全人类利益最大化的社会到底是什么样的社会呢?

第一,这是一个生产力高度发达的社会。马克思主义认为,生产的无限可能性使人们能够建立起这样一种社会制度,"在这种社会制度下，一切生活必需品都将生产得很多，使每一个社会成员都能够完全自由地发展和发挥他的全部力量和才能"。这种高度发达的生产力是实现共产主义的物质基础。

第二，这是一个生产资料公有的社会。在共产主义社会中，生产资料将成为公共财产，由社会整体控制和使用，这将促进生产力的合理布局和最优发展，生产过程将体现为社会化大生产，以满足社会成员的共同需要。

第三，这是一个按需分配的社会。马克思在《哥达纲领批判》中写道："在共产主义社会高级阶段，在迫使个人奴隶般地服从分工的情形已经消失，从而脑力劳动和体力劳动的对立也随之消失之后；在劳动已经不仅仅是谋生的手段，而且本身成了生活的第一需要之后；在随着个人的全面发展，他们的生产力也增长起来，而社会财富的一切源泉都充分涌流之后——只有在那个时候，才能彻底实现'按需分配'的口号。"

第四，这是一个劳动成为生活第一需要的社会。如恩格斯在《反杜林论》中所说，在共产主义社会中，劳动将成为生活的第一需要，人们将不再只是为了生存而劳动，而是为了发挥自己的能力和创造性。此时，旧式的社会分工将被消除，人们将能够根据自己的兴趣和才能自由选择工作，人的能力得到自由而全面的发展。

如何建立这样一个全人类利益最大化的社会呢？我们从马克思主义产生的历史背景开始讲起。马克思主义产生的历史背景是现代资本主义的兴起，它是资本主义兴起后所造就的社会矛盾尖锐和社会两大阶级之间斗争加剧的产物，实质性所指乃是对资本主义历史

第二章
马克思主义理论与民为邦本的契合性

的理论批判和实践扬弃。在马克思、恩格斯看来，资本主义生产方式中存在着固有的、无法根本解决的矛盾，推动着社会主义必然代替资本主义。而资本主义社会最基本的矛盾，就是社会化生产和私人占有之间的矛盾，正如恩格斯在《反杜林论》中指出的那样，"社会化生产与资本主义占有的不相容性，也必然越加鲜明地表现出来"。社会化生产和私人占有之间的矛盾主要表现为无产阶级和资产阶级的对立。这是因为资本主义生产方式日益把大多数居民变为无产者，"这种生产方式日益迫使人们把大规模的社会化的生产资料变为国家财产……无产阶级将取得国家政权，并且首先把生产资料变为国家财产"。而一旦社会占有了生产资料，生产力将获得解放和得到极大发展，从而保证一切社会成员有充裕的物质生活，保证他们的体力和智力获得充分的自由发展和运用。在生产力高度发展的基础上，一切阶级差别和阶级对立将被消灭，对人的统治将由对物的管理和对生产过程的领导所代替，国家将自行消亡，最终将实现人类从必然王国进入自由王国的飞跃。因此，全人类利益最大化的社会，必然是一个消灭了剥削的社会，一个没有阶级对立、人人平等的社会。

需要厘清的是，无产阶级取得国家政权后，为何不只代表无产阶级自身，而是能代表全人类共同的利益？在《哥达纲领批判》中，马克思批判了拉萨尔的"一切劳动成果属于工人"的观点，提出"劳动资料属于劳动本身"的原则，强调生产资料的公有制是实现全人类利益的基础。从本质来看，无产阶级没有自己的生产资料，与生产资料的社会化大生产形式直接相连。因此，无产阶级的利益与社会化生产的利益是一致的，代表了社会整体的利益。此外，马克思、恩格斯在《共产党宣言》中强调，"工人阶级没有自己的利益同全体社会成员的利益对立的独特利益。工人阶级解放的条件就是一切社会成员解放的条件"，"共产主义革命的目标是推翻资产阶级统治，建立一个无阶级的社会"。这说明无产阶级专政的实现将消除阶级对立，建立一个没有阶级的社会。在这样的社会中，国家机器将失去其阶级压迫的功能，转而成为真正代表和服务于全体人民的机构。

马克思主义理论的最终目标是实现人的自由全面发展，这一思想和中华优秀传统文化中的民为邦本思想存在诸多契合点，它们不仅在理论出发点上具有一致性，即二者都强调民众的重要性，主张重视民众的作用和地位，而且在价值目标上也有相同之处。马克思主义理论的根本目标是要实现人的自由全面发展，民为邦本也是最终要使天下民众得到充分而自由的全面发展。

具体来讲，民为邦本指君主治国理政应以天下民众为中心，认识到民众在天下治理中的重要作用。在这样的理论核心之下，民为邦本的民本思想就最终指向全体天下人的利益，也就是将人的自由全面发展放在首位，主张维护人的尊严和价值，要求将民众从一切世俗功利、束缚和限制中解放出来，使天下民众得到充分而自由的发展。孟子在《梁惠王下》中描绘的理想社会图景是这样的："五亩之宅，树之以桑，五十者可以衣帛矣。鸡豚狗彘之畜，无失其时，七十者可以食肉矣。百亩之田，勿夺其时，数口之家可以无饥矣。"民众的基本生活需要得到满足，而且每个人都能通过自己的劳动满

第二章
马克思主义理论与民为邦本的契合性

足生活需要。《礼记·礼运》中对"大同"社会的描述为:"大道之行也,天下为公,选贤与能,讲信修睦。故人不独亲其亲,不独子其子,使老有所终,壮有所用,幼有所长,矜寡孤独废疾者皆有所养。"人们在"大同"社会中能各得其所,成年人能够充分发挥自己的力量和智慧,老年人和弱势群体能得到社会的尊重和照顾,孩子能得到良好的教育和培养。每个人都能找到适合自己的位置,发挥自己的特长和潜能,并为社会发展作出贡献,本质就是每一个人都得到充分而自由的全面发展。反过来说,当政权的存在使人的种种能力受到抑制、人无法得到自由发展时,政权就理应被人民所推翻。孟子"民贵君轻"的思想充分说明了这一点,甚至说"君主如有大过,臣下则谏之,如谏而不听可以易其位"。此外,孟子认为教育是实现人的全面发展的关键,通过教育可以培养人的道德、智慧和才能,强调要"设为庠序学校以教之"。这些论断为后世的民本思想定下了基调,更体现了民为邦本对于人人全面自由发展以及全人类共同利益的高度观照。

第二节　马克思主义实践观与民为邦本的实践路径相契合

人民群众创造历史的条件大体上可以区分为经济条件、政治条件和文化条件。经济条件作为人民群众历史活动最基本的制约条件，包括生产力和生产关系两方面。人民群众创造历史的活动，首先要适应社会生产力状况这一最基本的历史条件；政治条件包括广泛的内容，在社会主义制度下，人民群众成为社会的主人，日益广泛地参加政治活动和社会管理，他们的聪明才智得到充分的培养、提高和发挥；文化条件，即马克思所说的"一切已死的先辈们的传统"，恩格斯所说的"萦回于人民头脑中的传统"，是制约人民群众历史创造活动的不可忽视的一种文化条件。整个社会的科学文化的普及和提高，特别是广大群众的科学文化程度，对于人民群众创造历史的作用有着直接影响。

早在春秋战国时期，在民为邦本思想的嬗变时期，孔子便认为治国安邦的政治家应该具有子产的四种道德——"其行己也恭，其事上也敬，其养民也惠，其使民也义"，通过"养民""惠民"政策，最终实现"使民"的目的。《论语·子路篇》中进一步记载：孔子到卫国去，冉有为他赶车。孔子说："人口真多呀！"冉有说："人口已经繁多了，又该给他们增加什么呢？"孔子说："使他们富起来。"冉有说："已经富起来了，再给他们增加什么呢？"孔子说："使他们受教育。"孔子"养民""惠民""育民""使民"等政策与马克思主义

第二章
马克思主义理论与民为邦本的契合性

实践观的经济基础、精神追求和力量保障不谋而合。

一、物质基础:"经济基础决定上层建筑"与"经济上富民"

经济基础是指一定历史发展阶段,占统治地位的社会生产关系各个方面的总和。它是与物质生产力的一定发展阶段相适应的,是社会的政治生活和精神生活的基础。经济基础所反映的是经济领域中人与人之间的关系,即物质生产的社会关系。社会中往往存在多种生产关系,除了占统治地位的生产关系外,还有不占统治地位的新生产关系的萌芽和旧生产关系的残余等。其中,只有占统治地位的生产关系才能规定该社会经济基础的性质和特征,成为社会的经济基础。

上层建筑是指建立在一定经济基础之上的政治法律制度、组织、设施和社会意识形态。上层建筑是一个庞大而复杂的系统,包括政治上层建筑和观念上层建筑(或称思想上层建筑)。政治上层建筑是人们在一定经济基础上建立的政治、法律制度,以及军队、警察、法庭、监狱、国家机构、政党等国家机器和政治组织。观念上层建筑是同经济基础相适应的社会意识形态,包括政治法律思想、文学艺术、道德、哲学、宗教等。

指明经济基础与上层建筑的存在,以及经济基础对于上层建筑的决定作用,是马克思与恩格斯所共同创立的唯物史观的基本思想内容。马克思、恩格斯坚持唯物主义的一元论,认为经济基础决定上层建筑，主要是指经济基础的性质决定上层建筑的性质，占统治地位的思想不过是占统治地位的物质关系在观念上的表现，不过是以思想的形式表现出来的占统治地位的物质关系。从总的历史发展趋势看，上层建筑一般总是随着经济基础的变化而变化。这就是经济基础和上层建筑在发展变化上的同步性。上层建筑又具有相对独立性，所以也会出现暂时的不同步性。但经济基础和上层建筑是辩证统一的整体，它们各自又表现为多层次性，而且在各层次之间又呈现出交互作用的关系。马克思和恩格斯坚持唯物辩证法，把经济基础和上层建筑作为社会结构的有机整体，反对唯心主义的"意识决定论"、形而上学的"割裂论"和"机械决定论"。马克思主义认为，经济基础决定上层建筑主要体现在两个方面。

一是经济基础变革带动上层建筑变革。现实中的人通过社会劳动进行生产，在生产中形成人与人、人与社会之间的关系。社会关系和政治关系形成于生产基础之上。马克思、恩格斯对市民社会的分析表明，上层建筑是由支撑它的经济基础决定的，并随着经济基础的变化而发生变化，上层建筑在不断适应经济基础的前提下发挥作用并不断完善。

二是上层建筑必须符合经济基础的发展要求。经济基础和上层建筑是辩证统一的，上层建筑以经济基础为存在前提，并为统治者服务，上层建筑的稳固一定程度上可以加固经济基础，为经济基础的存在提供政治、法律、道德等方面的保障，为经济基础的完善提供良好支撑。完善的、坚实的经济基础给生产资料的占有者提供维护政权和统治的物质基础，巩固上层建筑。

第二章
马克思主义理论与民为邦本的契合性

上层建筑总是为经济基础服务的。法律、道德、宗教、哲学等都是隐藏在统治阶级利益背后的政治和思想条件。马克思、恩格斯认为，在资本主义社会，这些上层建筑背后隐藏的本质上是资产阶级的利益，是为资产阶级巩固政权服务的统治工具，具有资产阶级性质。无产阶级想要夺取胜利，需要从自身出发，打碎现有的生产资料占有方式，即资产阶级赖以存在的经济基础，推翻现有的阶级统治，即上层建筑。

古往今来，执政者、执政党都在想方设法让人民富裕起来，不断提高生活水平，进而维护社会的稳定和国家的根基。管仲在辅佐齐桓公时就指出，"相地而衰征""无夺民时则百姓富"。秦朝商鞅提出均贫富的思想："故贫者益之以刑，则富；富者损之以赏，则贫。治国之举，贵令贫者富，富者贫。"荀子强调裕民以政，"彼裕民，故多余；裕民，则民富。民富，则田肥以易；田肥以易，则出实百倍"。同时，民为邦本思想抵制苛捐杂税，体现在孔子强调的"苛政猛于虎"，亦体现在柳宗元《捕蛇者说》中的"孰知赋敛之毒有甚是蛇者乎"。清代思想家王夫之同黄宗羲一样痛斥秦汉以来的政治制度，认为君主违背天下大公，思其子孙以长久，是天下动乱的主要原因，要根除这种弊端，就必须施行"天子不独富，农民不独贫"的制度。

到近代中国，富民思想进一步深化，洋务派反复强调重商富民和民富而国自强的道理，共和派提出"节制资本"和"耕者有其田"。中国共产党高度重视经济建设，新民主主义革命时期实行土地改革，让农民富起来；社会主义革命和建设时期通过"三大改造"

和"一五计划",切实改善人民生活;改革开放和社会主义现代化建设新时期鼓励人民发挥创造力和创新活力,经济"翻两番";新时代推进全面脱贫攻坚,全面建设小康社会,人均收入水平提高,人民共享发展成果。

综上,民为邦本思想高度重视人民的经济状况,致力于让人民的生产效率提高,让人民富裕起来,不断缩小贫富差距,进而建设社会主义现代化强国,与马克思主义中强调经济基础对上层建筑的决定作用相契合。

二、精神追求:"社会意识对社会存在的反作用"与"文化上教民"

马克思、恩格斯在多篇文章里表达了社会存在就是人的存在、人的社会存在、人们的现实生产过程的观点,而社会意识就是社会意识形态。马克思、恩格斯在《德意志意识形态》一书中指出:"从直接生活的物质生产出发阐述现实的生产过程,把同这种生产方式相联系的、它所产生的交往形式即各个不同阶段上的市民社会理解为整个历史的基础,从市民社会作为国家的活动描述市民社会,同时从市民社会出发阐明意识的所有各种不同理论的产物和形式,如宗教、哲学、道德等等。"马克思、恩格斯在这里把人们的"现实的生产过程""直接生活"的"生产方式"划归为社会存在,把宗教、哲学、道德等具有阶级属性的意识形态划归为社会意识。恩格斯在《卡尔·马克思》中指出:"每一时期的观念和思想也同样可以极其

第二章
马克思主义理论与民为邦本的契合性

简单地由这一时期的生活的经济条件以及由这些条件决定的社会关系和政治关系来说明。"恩格斯在这里把社会生活经济条件归为社会存在,而把观念、思想归为社会意识。恩格斯在《反杜林论》中指出:"每一时代的社会经济结构形成现实基础,每一历史时期的由法的设施和政治设施以及宗教的、哲学的和其他的观念形式所构成的全部上层建筑,归根到底都应由这个基础来说明。"恩格斯在这里把社会经济结构划归为社会存在,并把其作为包括意识形态在内的所有上层建筑的基础。

在唯物史观创立的初期,马克思、恩格斯为了用唯物论思想战胜占统治地位的唯心史观,完成社会历史观的变革,很自然地把论证的重点放在彻底贯彻唯物论的问题上,着重阐明社会存在对社会意识、经济基础对上层建筑的决定作用,而对上层建筑的反作用以及各种因素的相互作用的原理阐述得不够。正如恩格斯所说:"我们在反驳我们的论敌时,常常不得不强调被他们否认的主要原则,并且不是始终都有时间、地点和机会来给其他参与交互作用的因素以应有的重视。"

19世纪90年代,资产阶级学者和德国社会民主党内的"青年派",对马克思主义唯物史观进行了肆意攻击和歪曲。资产阶级学者保尔·巴尔特在1890年出版的《黑格尔和包括马克思及哈特曼在内的黑格尔派的历史哲学》中,采取恶劣的手法,篡改马克思主义关于经济基础和上层建筑相互关系的原理。巴尔特把历史唯物主义歪曲为"经济唯物主义""技术经济史观";把承认历史必然性同"机械决定论""社会宿命论"混为一谈。攻击历史唯物主义只承认经济是唯一决定的因素,是一种"社会静力学"。硬说马克思和恩格斯从来没有指出过意识形态对经济基础的反作用。"青年派"和巴尔特一样,把唯物史观的基本原则歪曲为"机械决定论"。把历史唯物主义庸俗化为机械的"经济决定论",否认社会发展中上层建筑因素的积极作用。

对于这些错误理论的批判,以及对经济基础和上层建筑辩证关系的进一步阐发是由恩格斯来承担的。这时,马克思已经逝世,恩格斯一方面肩负着领导国际工人运动的繁重任务,另一方面捍卫和发展了马克思主义哲学的基本原理,特别是作为唯物史观重要内容的经济基础和上层建筑辩证关系的原理。他所阐发的理论观点,可以概括为以下几个方面。

第一,阐明经济因素不是社会发展的唯一决定因素。唯物史观肯定经济因素是历史过程中的决定因素,但也承认在复杂的历史过程中,经济的、政治的、文化的、思想的以及习惯传统等因素都起作用,历史是一切因素交互作用的结果。在一定经济状况的基础上,上层建筑的各种因素,也对历史发展的进程发生影响。

第二,阐明国家权力、法的相对独立性及其对经济基础反作用的特点。恩格斯讲的上层建筑的反作用,是在经济基础决定作用的前提下的反作用。有时他把这种反作用叫作"第二位的作用""一定的作用",但都是肯定上层建筑各种因素的反作用,并且是在普遍依赖于经济基础的范围内起作用。恩格斯在晚年又进一步区别了政治上层建筑和意识形态上层建筑,阐明了它们对经济基础产生反作用的不同情况。政治上层建筑对经济基础的反作用,一般表现为直接

第二章
马克思主义理论与民为邦本的契合性

性的影响作用,如国家政权对经济的职能作用是直接的。而那些离物质的经济基础较远的意识形态,对经济基础的反作用,一般呈现间接性的特点,如哲学、文学、艺术等对经济基础的反作用,一般要通过许多中间环节。上层建筑各领域形成一个复杂的体系。

第三,阐明意识形态相对独立性的特点。意识形态是上层建筑的重要组成部分,它具有相对独立性。恩格斯在晚年的通信中,十分注重对意识形态自身特点及其运动规律的研究。他在1893年给梅林的信中,着重分析了意识形态形成的特点及其规律,指出意识形态的形成必须依赖一定的社会经济状况,但这种依赖的情况是复杂的、具体的。恩格斯指出,"历史思想家……在每一科学部门中都有一定的材料,这些材料是从以前的各代人的思维中独立形成的,并且在这些世代相继的人们的头脑中经历了自己的独立的发展道路"。这就是说,意识形态的发展有着自己的规律,它的各个领域都各自继承和保留着从以往的物质生活条件中产生的内容。而当历史向前发展后,这些思想内容仍然存在。也就是当经济基础变革时,上层建筑中的思想内容仍然存在,并继续在发生作用。

第四,阐明社会意识对社会存在的反作用。恩格斯在通信中曾经多次强调意识形态的反作用,他在1890年8月致施米特的信中指出,思想领域虽然是由物质生活条件决定的,"但是这并不排斥思想领域也反过来对这些物质条件起作用,然而是第二性的作用"。当时,有些思想家对唯物史观不作深入研究,常常作出片面的理解,甚至歪曲唯物史观关于经济基础和上层建筑的原理。针对这一情况,恩格斯在1893年7月给梅林的信中指出:"与此有关的还有思想家们的一个荒谬观念，这就是：因为我们否认在历史上起作用的各种思想领域有独立的历史发展，所以我们也否认它们对历史有任何影响。这是由于把原因和结果刻板地、非辩证地看作永恒对立的两极，完全忽略了相互作用。这些先生常常故意忘却，当一种历史因素一旦被其他的，归根到底是经济的原因造成的时候，它也影响周围的环境，甚至能够对产生它的原因发生反作用。"在这里，恩格斯明确阐述了在归根到底承认经济是原因的同时，必须承认作为结果的思想领域的相互作用和对原因的反作用。根据历史唯物主义的观点，社会意识不仅能动地反映社会存在，而且能动地反作用于社会存在。先进的社会意识往往成为社会变革的先导，对社会历史起推动作用，而落后的、腐朽的社会意识总是作为阻碍社会发展的因素。所以，否认社会意识的反作用，必然要陷入机械论或自发论。

在民为邦本思想的践行路径中，"育民"政策与马克思、恩格斯的观点相契合。孔子认为"有教无类"，当一个国家富裕起来后便要让人民接受教育。隋炀帝深知应重视教育，主张首先抓教育和学习，"君民建国，教学为先，移风易俗，必自兹始"。但他没有践行，身死国灭。宋太祖广建书院，文人士子受到优待，其内心对宋王朝怀有感激之情，所以两宋的文人士子极力拥护君主专制体制。近代中国，以孙中山为代表的共和派认为，要想建立新的国家，必须扫除旧思想的阻碍。孙中山重视民众教化，强调人民心智的成熟是民治的思想基础："灌输学识，表示吾党根本之主张于全国，使国民有普遍之觉悟，异日时机既熟，一致奋起，除旧布新，此即吾党主义之大成功也。"辛亥革命后不久，他下令教育部通告各省"从速开学"。

1919年10月通过的国民党《宣言》中规定："励行教育普及，增进全国民族之文化。"教学内容反对"忠君""尊孔""读经"的封建思想，代之以现代科学文化知识，培养具有真才实学能为社会服务的青年学生。由此可知，当社会意识与社会存在的发展不同步时，可能会对社会存在产生消极影响。中国共产党成立后，便对人民宣传马克思主义思想，通过教育、立法等方式教化人民，努力实现人民的全面而自由的发展。

三、力量保障："人民是国家的主体"与"政治上重民"

马克思认为，人民是国家的主体，应当建构人民主权的民主制。他通过揭露黑格尔立宪君主制国家观的矛盾，阐发自己的民主制理想。黑格尔构想的立宪君主制国家是君主主权和人民主权的矛盾调和体，他虽然试图用现代立宪约束君主的权力，但又承认王权至上。马克思批判道，在黑格尔那里，君主虽然是经验的个体，但却是特殊的经验存在，是"与众不同的个体"，是国家理性的体现。黑格尔蔑视人民的地位和作用，认为人民依赖君主的统治，"如果没有自己的君主，没有那种正是同君主必然而直接地联系着的整体的划分，人民就是一群无定形的东西"。这种高居于人民之上的君主的统治只能是脱离人民共同意志的主观任性、"朕意如此"。这与黑格尔所说的国家理性精神是相矛盾的，表现了他与封建势力妥协的保守立场。

在马克思看来，人民是国家制度的制定者，人民是国家的实际承担者。他强调:"必须使国家制度的实际承担者——人民成为国家制度的原则。"然而,以往的国家虽然形态众多,但都遮蔽了人民的基础地位,都把人民作为统治的对象,这就提出消除异化的国家、建立人民自己的国家的必然要求。"不是国家制度创造人民,而是人民创造国家制度。"既然如此,人民就应该享有国家主权,民主制就是人民的创造和人民的享有内在统一的制度,是体现人民自由意志的人民主权的国家。马克思在《莱茵报》时期已经考察底层民众的贫困生活状况,探究造成这种状况的原因,遇到说明物质利益的难题,这是促使他走进书房进行研究、转向批判黑格尔的国家观的原因。在《黑格尔法哲学批判》中,马克思分析了人们在财产和受教育等方面存在的巨大差别,指出无财产的劳动等级存在的事实。这样,他就拓展和具体化了人民的内涵,把民主制作为克服社会物质利益矛盾、充分维护广大人民权益的理想制度。

民主制是由人民立法保障的,法律来自人民,属于人民,体现人民的意志,服务于人民的需要,因此,法律是人民的自我规定和人民的特定内容。"在民主制中,国家制度本身只表现为一种规定,即人民的自我规定。"人民按照自己的意志制定法律、遵守法律和践行法律,这是人民自由的体现。

马克思非常重视行政管理实践,认为行政权是国家法律的实际运作和执行,在国家机体中占有十分重要的地位。他批判了黑格尔把行政官员的来源局限于中间等级的观点。黑格尔认为行政官员是中间等级中具有政治才能、国家意识和高度教养的人,他们通过考试获取职位,是维护国家普遍利益的普遍等级。而在马克思看来,

第二章 马克思主义理论与民为邦本的契合性

行政官员不能来自特定的等级,全体人民都应该有接受良好的教育、担任公共职务的机会和条件,都应该有权监督政府。

马克思的"人民是国家的主体"进而构建人民主权的民主制思想,与通过政治上重民实现民为邦本的思想在逻辑上是相通的。在封建制的中国,《韩非子·守道》中便指出"强不得侵弱,众不得暴寡",强调法律应该维护社会正义,除暴安良,保护处于弱势的民众不受侵犯;孟子在《孟子·尽心下》中正告天下,"民为贵,社稷次之,君为轻",将国家权力的终极来源赋予人民。人民既然是国家的主人,执政者便应坚持以民为上,老子强调要彻底摒弃"自见""自是""自伐""自矜"的心理,做到"以百姓心为心"。同时,墨子的"尚贤"政治与马克思关于行政官员的选拔有异曲同工之妙,墨子认为,贤士"乃国家之珍,而社稷之佐也。亦必且富之、贵之、敬之、誉之,然后国之良士,亦将可得而众也",他主张废止世卿世禄制度,不论出身,选贤任能。唐太宗以史为鉴,吸取过往朝代不重民进而走向灭亡的教训,善用贤才,广开言路,敢于纳谏,接受群臣的监督和建议。宋太宗时期更是重视科举、广开仕途,在宫前立下"誓不杀士人"的碑文,广建书院,通过科举考试,每年以三百余人的规模让各地学子走上仕途。

封建中国虽然采取一系列重民举措,但仍受其政治制度的影响,正如马克思所说的:"在古代,只有占人口少数的自由民才有参与国家政治生活的身份和资格。"中国封建制度走向衰落,救亡图存时期,近代中国的君主立宪派亦强调重民爱民,强调达民情、通民隐、顺民志、强民气、蓄民力、厚民生,认为只有重视和发挥"民"的作用，才能使中国独立富强，实现"军民共主"。以孙中山先生为代表的民主共和派提出"三民主义"思想，其中"民有"即国家为民所有，是民本思想的核心。《孙中山全集·第四卷》中记载，"国家乃我人民之国家"，因此，新建的共和国应该是"专恃民力，使吾民能人人始终负责"，人民是国家的主人，那么执政者便应为民服务，"中华民国者，人民之国也……国中之百官，上而总统，下而巡差，皆人民之公仆也"。孙中山在设计建国和治国之路时，基本宗旨就是人民国家，人民治理，排除了毫无群众感情基础的政客官僚管理国家的可能性，这也是民治原则在政治实践中的切实体现。在探索实现民治的途径过程中，主张人民选举代表，代表受人民委托管理国家，受人民监督，最终实现人民对国家权力的掌控和对国家生活的治理。

不论是君主立宪派还是民主共和派，都未能实现救亡图存。唯有中国共产党，带领中国人民迎来了从站起来、富起来到强起来的伟大飞跃。中国共产党在成立之初的二大上便提出，党的奋斗目标是"统一中国为真正的民主共和国"；新中国成立后，毛泽东指出，"中国已归人民，一草一木都是人民的"。我们党通过完善以人民代表大会制度为基础的人民民主专政制度，切实保障人民当家作主。中国共产党高度重视人民的首创精神，尊重人民主体地位，从人民群众中汲取智慧和力量，形成了"坚持人民至上""民心是最大的政治""人民利益高于一切"等执政理念。中国共产党高度重视党内建设，规范党内政治生活，大力营造风清气正的政治生态，不断进行自我净化、自我完善、自我革新、自我提高，增强拒腐防变和抵御

第二章
马克思主义理论与民为邦本的契合性

风险能力。

综上，民为邦本思想逐渐深化并落于实践，与马克思主义相契合，我们党结合中国的具体实际，在传承民为邦本的基础上，实现了本质属性超越。

第三节 马克思主义的共产主义理想与民为邦本的价值追求相契合

基于辩证唯物主义世界观方法论和深入的政治经济学分析，马克思深刻洞察人类社会历史发展的一般规律和资本主义社会运行的特殊规律，构建了一个以实现无产阶级和全人类解放为目标的科学理论体系。基于对资本主义生产方式和社会制度的深刻批判和对人类社会历史发展规律的深刻把握，马克思对未来社会进行了一般原则性的展望和合理化的建构，对未来社会发展的方向、原则和特征作出判断和构想。因此，共产主义是一种崇高的社会理想和目标追求。

马克思的共产主义理想是建立一个没有阶级对立、生产资料公有、按需分配的社会制度。在这样的社会中，由于生产力的高度发展和社会财富的极大丰富，在个人层面，人们可以根据自己的兴趣和能力自由选择工作，每个人都能自由而全面地发展；在集体层面，不分性别和种族的全人类得到解放，没有阴谋和奸诈，也没有战争

105

和冲突；在社会关系层面，由于阶级的消失，剥削和压迫不复存在，人与人之间相互尊重合作，呈现出和谐美好的图景。这与中华优秀传统文化中的民为邦本思想所蕴含的价值追求有着相通性和高度的契合性。

一、个人层面："实现人的自由全面的发展"与"修身齐家"

从思想文化史的角度看，"人的自由全面的发展"是马克思对轴心时代以来关于人的终极价值观念的合理继承和升华。这一思想，马克思在创立共产主义学说的初期就提出来了，成为他一生的价值追求并通过科学论证不断加以完善。

马克思在《1844年经济学哲学手稿》中提出，人的自由全面发展的实现，就是扬弃了异化和私有财产后真正人的本质的实现，就是"人的一种全面的方式，就是说，作为一个完整的人，占有自己的全面的本质"，强调人要"按照美的规律来构造"；马克思、恩格斯在共同完成的《德意志意识形态》中进一步强调，"私有制只有在个人得到全面发展的条件下才能消灭，因为现存的交往和现存的生产力是全面的，而只有全面发展的个人才可能掌握它们，即把它们变成这些个人生命的自由活动"，并指出，"在共产主义社会中，即在个人的独创的和自由的发展不再是一句空话的唯一的社会中，这种发展正是取决于个人间联系"。1847年恩格斯发表了《共产主义原理》，论证了现代化生产同人的发展关系，并指出，根据共产主义

第二章
马克思主义理论与民为邦本的契合性

原则组织起来的社会,将使自己的成员能够全面发挥他们的得到全面发展的才能。

上述这些马克思主义形成初期的探索,为1848年马克思、恩格斯发表《共产党宣言》提供了坚实的理论准备。这部全世界共产党人的宣言书,提出了在170多年后的今天仍响彻全球的著名论断:"代替那存在着阶级和阶级对立的资产阶级旧社会的,将是这样一个联合体,在那里,每个人的自由发展是一切人的自由发展的条件。"这也是恩格斯在晚年特别强调的社会主义、共产主义的终极目标,成为全世界共产党人和全体进步人士的核心观念和价值追求。

要想实现"每个人自由全面的发展",需要实现人的全面发展、人的自由发展和每个人的发展的统一。

一是人的全面发展。马克思认为,人的全面发展是指人的本质力量的充分展现。生活需要的丰富性和精神结构的提升,是人对自身本质的全面占有,即"人以一种全面的方式,也就是说,作为一个完整的人,占有自己的全面的本质"。马克思的历史唯物论认为,人类的发展史就是人在创造客观世界的同时进行自我生产的历史,在再生产的行为本身中,不但客观条件改变着,而且生产者也改变着,炼出新的品质,通过生产而发展和改造着自身,造成新的力量和新的观念,造成新的交往方式、新的需要和新的语言。共产主义社会将"培养社会的人的一切属性,并且把他作为具有尽可能丰富的属性和联系的人,因而具有尽可能广泛需要的人生产出来——把他作为尽可能完整的和全面的社会产品生产出来"。归结起来,人的全面发展是使人真正成为主客观全面财富的主人,包括摆脱专业分工的束缚，劳动生产形式的丰富，社会交往关系的丰富和发展，人的能力的提升，生活品位的丰富化、高尚化、审美化，等等。

二是人的自由发展。对自由的探究、追问与关切，是近代以来洛克、卢梭、黑格尔、马克思、康德、海德格尔所讨论的最为重要的思想事业和核心的哲学问题。马克思把人的自由个性纳入人的解放事业，强调"建立在个人全面发展这一基础上的自由个性"是未来理想社会的主要特征和人的彻底解放的集中表现。值得注意的是，马克思用自由和全面两个词表述未来人的存在状态是不可分割的，这是因为全面发展的人是由具有独立自主的主体建构出来的，因此全面发展的人必然是体现自由本质的人。

三是每个人的发展。每个人是指一个个具体的生命独享个人。在马克思看来，在人类发展史上，以往的社会最根本的缺陷在于，人类的整体发展是以牺牲个人的发展为代价的，并始终存在着个体和类之间的斗争。"一些人靠另一些人来满足自己的需要，因而一些人（少数）得到了发展的垄断权；而另一些人（多数）经常为满足最必不可少的需要而不断拼搏，因而暂时（即在新的革命的生产力之前）被排斥在一场发展之外"。共产主义社会最大的特点就在于，它将从根本上结束个体与类之间的对立，使人类整体的发展不再以个体的牺牲为代价。相反，人类整体的发展与个体的发展互为基础、前提和条件。

民为邦本思想的提出，对个人特别是行政人员、执政者有所约束，从根本上要求其所言所行为民服务，推进人民积极参与国家生活，进一步实现"修身齐家治国平天下"。

第二章 马克思主义理论与民为邦本的契合性

一是修身。为了维持统治秩序，古代的思想家、政治家将希望寄托在君主的圣明统治上，倡导以德治国、以民为本，期待君主加强自身的道德修养。《荀子·哀公》告诫君主："君者，舟也；庶人者，水也。水则载舟，水则覆舟。君以此思危，则危将焉而不至矣？"因此，君主要时刻警醒自己要勤政为民。各级官员也被要求清正为民，廉洁奉公。同时，儒家提出很多修身克己的方法，包括自省、慎独等。"自省"出自孔子的弟子曾子的"吾日三省吾身。为人谋，而不忠乎？与朋友交，而不信乎？传，不习乎？"这一方法强调人既要向周围的人学习，也要及时反思自己的道德修养，既要反思自己的行为，也要反省自己内心的想法。慎独与自省相关，是自省的更高境界。《大学》中讲道："所谓诚其意者，毋自欺也，如恶恶臭，如好好色，此之谓自谦。故君子必慎其独也。"君子即使在无人监督之处，也要严格地反省自己的思想与行为，提升思想觉悟的境界。

二是齐家。民为邦本思想的进一步深入发展，对行政官员和君主产生更多的约束和更高的要求。而在这个过程中，人民拥有了更多的权利，他们根据自己的兴趣，选择自己的职业，或是通过科举入仕途等方式，积极参与政治生活，监督官员，建言献策。人民接受占统治地位的儒家思想，以先修身而后齐家的规范严格要求自己，重视家庭价值观念和亲情关系，为个人品德、家庭美德的培养奠定了基础。

三是治国平天下。为了维持社会的和谐，古代的思想家们强调君主要以身作则，成为民众提高德性修养的榜样，并提出贤君、贤臣的人格范型。儒学经典中经常以舜、商汤举例，示范圣明的君主、大臣是如何行德治的。《尚书·大禹谟》指出，君主应当"罔违道以干百姓之誉，罔咈百姓以从己之欲"，这样才会形成"无怠无荒，四夷来王"的盛世。《尚书·大道》中，帝舜称赞皋陶："汝作士，明于五刑，以弼五教。期于予治，刑期于无刑，民协于中，时乃功，懋哉！"以儒家思想为主导的政治文化继承了强调榜样的方法，并结合历史，从当时倡导的政治品德中提炼出明君、贤臣的典型，如后世常提到的纳谏榜样唐太宗、宋仁宗，冒死直谏的魏征等。综合来看，圣明君主大都透露出其爱民、保民、富民的民为邦本思想。这种树立榜样的做法能为君臣提供示范，而且这些榜样的行为也生动体现了对君臣爱民的道德要求。

由此可知，民为邦本不仅约束着君主和行政官员的行为，指引他们正确地实现个人发展和抱负，同时对人民的个人发展目标、发展路径和发展观念产生影响。从人的身心，到家和国，再递至天下，融个人修养、家庭伦理、政治理想、世界图景为一体，体现着人的社会关系的诸多方面，这与马克思对实现人的全面自由的发展的要求"社会交往关系的丰富性"相契合，都反对将人视为孤立的个体。

二、集体层面："不分性别和种族的全人类解放"与"天下大同"

在共产主义社会中，社会生产力飞速发展，物质财富极大丰富，生产资料共同所有，消费资料按需分配。由此，社会阶级逐渐消失，

第二章
马克思主义理论与民为邦本的契合性

国家逐渐变迁，战争逐渐被抛弃，工业和农业、城市和乡村、脑力劳动和体力劳动之间的差异逐渐减弱。共产主义社会形态带给人们物质富裕，也带来了人民精神境界的提升。生产力水平高度发达条件下自由时间的显著延长为每个人自由而全面的发展提供了广阔的前景，人将更加关注精神层面的需求，追求知识、艺术、文化和道德的提升，致力于构建公平公正、富有人文关怀的社会秩序。

共产主义之所以是一种崇高的理想，就在于它着眼于全人类的普遍利益，推动人们的普遍交往所形成的真正的联合，实现真正的共同体与人的自由个性相统一，实现不分性别和种族的全人类解放，而不是固守于单个个体的人、抽象的集体、虚幻的共同体，更不是单方面强调集体至上而压制个人自由。在马克思看来，人唯有在共同体中方可获取全面发展其才能的手段，从而有可能实现自由个性。正如马克思强调的："各个人在自己的联合中并通过这种联合获得自己的自由。"

民为邦本思想的社会理想是"天下大同"。天下大同是儒家提出的一种理想社会状态，也是中国传统士大夫的终极追求，其指的是构建一个人人平等、和谐共处的理想社会，强调的是超越国家、民族和种族的界限，实现全人类的共同利益和幸福。《礼记·礼运》描绘了一幅选贤与能，讲信修睦，使老有所终，壮有所用，幼有所长，鳏寡孤独废疾者皆有所养，谋闭而不兴，盗窃乱贼而不作，故外户而不闭的美好画卷。在这样的社会里，每个人都享有自由和全面的发展，每个人都能够找到自己的定位和价值，并为实现一个更加美好、统一且富裕的社会共同努力。在此之后，从春秋儒家《公羊传》中"大同社会"的美好构想,到战国墨家《墨子》"兼相爱,交相利"的思想主张,从魏晋陶潜《桃花源记》中"世外桃源"的人间乐土,到南宋钟相"等贵贱,均贫富"的朴素要求,从晚清洪秀全"四有两无"的理想愿景,到近代孙中山设想的"大同世界",历代文人志士对美好社会的向往,都与大同社会的理想观念相互补充,共同构建起了一个更加完善而理想的社会模式。

民为邦本思想所承载的源远流长的大同社会理想与马克思、恩格斯所揭示的共产主义社会理想具有内在的契合性。在物质理想层面,二者都强调人类共同富裕的最终目标,马克思主义理想的重要特征是生产资料公有制,提倡生产资料的社会化与共同占有,通过生产力的高度发展消除社会贫富差距,实现社会财富的公平分配,即共同富裕。而中华优秀传统文化中天下大同的理念则呼应了共产主义社会实现人民共同管理生产资料和公平分配财富的目标,孔子也曾提及"闻有国有家者,不患寡而患不均",认为财富不均是社会动荡不安的源头。在精神理想层面,二者都反对剥削与压迫,追求社会的公平与正义,要求作为个体的人超越一己一家一国之私,产生对人与人之间同类相通、广泛爱人的感情。马克思主义的理想是消除阶级差别和剥削,建立一个没有剥削和压迫的社会秩序。《共产党宣言》中有关共产主义社会的论述,描绘了一个公平、和谐、幸福的社会景象。同样,在天下大同理念中,人们不再以国家、民族等界限来划分和对待彼此,以共同的人类身份来认同和连接,人们摒弃争斗、战争和歧视,实现全天下的和平与发展。

马克思主义成功焕活了中华民族文化心理中的民族情怀,与世界大同的古朴理想再次凝聚，马克思主义理想与中国传统天下大同思想的巧妙结合，形成了中国共产党"坚持胸怀天下"的历史经验和方法论。

三、社会关系："反抗剥削压迫，实现平等自由"与"均、和、安"

马克思主义本质上是关于人的学说。诚然，关于无产阶级专政的观点是马克思主义的重要内容，而且是马克思在理论上的新贡献；但本质上，马克思主义所强调的无产阶级的解放，必须从"人的高度"，从人的解放的意义上来理解。人的解放和自由是目的，阶级斗争乃至由一定的历史环境和社会条件所决定的斗争方式（如暴力革命或其他方式），以及为革命转变时期所需要的无产阶级专政，都是为了达到这个目的而采取的手段、途径。正如马克思在《黑格尔法哲学批判》导言中所说，"人的根本就是人本身"，"人是人的最高本质"。人的解放才是马克思主义哲学的理论旨归。

到底什么是人的本质呢？马克思是通过人的社会性、人的社会关系来说明人的本质的。在《关于费尔巴哈的提纲》中，马克思这样说："人的本质不是单个人所固有的抽象物，在其现实性上，它是一切社会关系的总和。"马克思认为，凡是有某种关系存在的地方，这种关系都是为我而存在的；动物不对什么东西发生"关系"，而且根本没有"关系"。人类社会存在两种关系，自然关系和社会关系，人的本质离不开同自然的关系，但更重要的是由社会关系决定的。而在一切社会关系中，生产关系是主要的社会关系，是"决定其余一切关系的基本的原始的关系"。在生产关系的基础上，人们进一步形成了政治的、法律的、道德的、宗教的以及行业间的等复杂的社会交往，并从不同侧面、不同层次映现着人的本质。因此，我们可以这样理解，人之所以为人，能够彼此区别开来的最根本的特征，是基于一定的需要在不同社会关系中和实践中所形成的独特个性。人的个性和自由发展，需要在一定的社会关系中实现。

在一切社会关系中，生产关系起决定性的作用，因此人的本质由生产关系决定。马克思在《资本论》中详述了资本主义生产关系的实质。在资本主义的生产关系中，资本家完全占有生产资料，但不占有劳动者的人身。劳动者在形式上是自由的，但这里所说的自由，具有双重意义：一方面，工人是自由人，能够把自己的劳动力当作自己的商品来支配；另一方面，他没有别的商品可以出卖，自由得一无所有，没有任何实现自己的劳动力所必需的东西。因此，资本家以自己占有的生产资料与一无所有的劳动者相结合并从中获取剩余价值的方式，决定了资本主义生产关系的本质就是资本家对雇佣劳动者的剥削和压迫，是一种不自由的社会关系。这与马克思主义的共产主义理想中人的全面而自由的发展是相违背的。

与此相对，共产主义社会中的生产关系是建立在生产资料公有制基础上的。在共产主义社会中，生产资料归全体人民所有，实现生产资料的社会直接占有，个人劳动直接成为社会劳动的一部分，个人利益直接在社会利益之中得到实现。如《共产党宣言》中所说的那样，"代替那存在着阶级和阶级对立的资产阶级旧社会的，将是

第二章
马克思主义理论与民为邦本的契合性

这样一个联合体,在那里,每个人的自由发展是一切人的自由发展的条件"。这说明在共产主义的社会关系中,不存在对立的阶级,人们将真正地实现自由平等,实现每个人的自由而全面的发展,进而实现一切人的自由而全面的发展。

除自由以外,马克思主义在对共产主义社会的理想蓝图进行描绘时,还非常强调平等,认为共产主义要通过消灭阶级剥削和贫富的两极分化,实现社会成员地位的平等和经济社会权利的平等。马克思曾指出:"平等,作为共产主义的基础,是共产主义的政治的论据。"在资本主义的生产方式下,资本家通过对工人的剥削获得利润,而工人则只能获得维持生存所必需的工资,这种经济上的不平等是社会关系不平等的根源,也因此产生了阶级的划分和区别,使得人类迈向了不平等的深渊。在资本主义制度下,资本家通过剥削工人的剩余价值来积累财富,并借此获取更多的资本以追求利润。而无产阶级在这样的私有制框架下,尽管辛勤劳作,却只能勉强维持生计,与资产阶级相比,他们无法获得平等的发展机遇。因此,在资本主义社会里,真正的平等是难以实现的。资产阶级的私有制使个人与他人之间的关系变得尖锐对立,人与人之间的真正平等变得遥不可及。

而在共产主义社会里,无产阶级推翻阶级压迫和剥削,实现了真正的平等。在恩格斯看来,现代的平等是"一切人,或至少是一个国家的一切公民,或一个社会的一切成员,都应当有平等的政治地位和社会地位"。共产主义将通过消灭阶级剥削和压迫,消除穷人和富人之间逐渐拉大的贫富差距,从而实现社会成员的身份地位平等和经济权利平等。如恩格斯《在爱北斐特的演说》中所指出的,人和人的利益并不是彼此对立的,而是一致的,因而竞争就消失了。当然也就谈不到个别阶级的破产,更谈不到像现在那样的富人和穷人的阶级了。

马克思主义对于未来平等自由的共产主义社会作了展望和描绘,强调共产主义社会要实现一种普遍的人的平等自由,这实际上与民为邦本思想下对"均、和、安"大同社会的追求极为相似。正如孔子在《礼记·礼运》中提出的对于理想社会的构想一样:"大道之行也,天下为公。选贤与能,讲信修睦。故人不独亲其亲,不独子其子,使老有所终,壮有所用,幼有所长,矜寡孤独废疾者皆有所养。男有分,女有归。货恶其弃于地也,不必藏于己;力恶其不出于身也,不必为己。是故谋闭而不兴,盗窃乱贼而不作,故外户而不闭。是谓大同。"在这样一个理想社会中,社会的权力和资源是公共的,不属于个别人或特定集团;根据人的德行和能力来选拔官员,而不是基于出身或财富;要保证社会中弱势群体也能够有尊严地生活,反对两极分化,主张在财富的分配上实现均等。这种"等贵贱、均贫富"的原则是中国古代最根本和最彻底的平等观念,此即为"均"。在这样一个理想社会中,人人都有合理的社会分工,人们共同劳动、衣食共享、和睦相处、诚信友爱,进一步使每个人都能按照自己的能力、兴趣和愿望发挥自己的才能,使每个人在其中实现真正的自由,此即为"和"。在这样一个理想社会中,人人富庶安康,和谐祥顺,可以夜不闭户,没有阴谋和奸诈,也没有战争和冲突,是一幅令人心驰神往的和谐美好的社会图景,此即为"安"。

第三章

中国共产党对民为邦本的不懈求索

第三章
中国共产党对民为邦本的不懈求索

第一节 新民主主义革命时期践行民为邦本

一、统一中国为真正民主共和国

（一）制定党的最低纲领

中国共产党成立以前，中国人民对外国侵略者和本国封建统治者进行了长时期的斗争。这些斗争意义重大，但成效甚小，主要原因有两个：一是没有认清革命的对象，不能团结真正的朋友以攻击真正的敌人；二是没有广泛地发动群众，特别是没有深入下层工农群众中，未能形成有组织的、持久的群众运动。

中国共产党成立后，努力学习运用马克思主义观察和分析中国面临的实际问题。1922年7月16日至23日，中国共产党第二次全国代表大会在上海举行。出席大会的代表共12人，代表全国195名党员。

党的二大通过对中国经济政治状况的分析，揭示出中国社会的半殖民地半封建性质。大会指出，一方面，中国在政治上经济上无不受帝国主义列强的控制，实际上已经成为"国际资本帝国主义势力所支配的半独立国家"；另一方面，中国"在政治方面还是处于军阀官僚的封建制度把持之下"，这也"使中国方兴的资产阶级的发达遭着非常的阻碍"。党的二大宣言着重指出,各种事实证明,加给中国人民(无论是资产阶级、工人或农民)最大的痛苦的是资本帝国主义和军阀官僚的封建势力。因此,反对帝国主义和封建势力的"民主主义的革命运动是极有意义的"。

宣言在分析国际国内形势和中国社会性质的基础上,为"工人和贫民的利益",提出在当时的历史条件下,党的奋斗目标包括"消除内乱,打倒军阀,建设国内和平""推翻国际帝国主义的压迫,达到中华民族完全独立""统一中国本部(东三省在内)为真正民主共和国"等。这就制定了党在当时阶段的反帝反封建的民主革命纲领,即党的最低纲领。

大会认为,为了实现目标,必须最大范围、最大限度地调动广大人民群众的力量,组成"民主主义的联合战线"。大会在对中国社会各阶级的状况进行初步分析后指出,中国的广大农民有极大的革命积极性,是"革命运动中的最大要素";小资产阶级的大量群众因遭受极大痛苦,会"加入到革命的队伍里面来";"中国幼稚资产阶级为免除经济上的压迫起见,一定要起来与世界资本帝国主义奋斗";工人阶级有伟大的势力,这种势力"发展无已的结果,将会变成推倒在中国的世界资本帝国主义的革命领袖军"。大会还提出,要联合全国一切的革命党派,联合资产阶级民主派,组织民主的联合战线,并决定邀请国民党等革命团体举行联席会议,共商具体办法。

这一民主革命纲领为中国革命指明了方向,很快传播开来,中国革命展现出崭新的局面。

第三章
中国共产党对民为邦本的不懈求索

（二）主张民主与自由

国民党实行的是代表地主阶级和买办资产阶级的一党专政，由于国民党的军权主要控制在蒋介石集团手中，国民党的一党专政事实上是以蒋介石为首的军事独裁统治。国民党竭力查禁进步书刊，逮捕甚至杀害进步作家，解散进步团体，以此来剥夺人民的言论和出版自由。

抗日战争胜利后，中国人民热切希望实现和平民主，建设新中国。中国共产党也希望通过和平的途径对中国进行政治社会的改革，进行经济建设，逐步向新中国这个目标迈进。尽管不顾人民要求发动全面内战是蒋介石集团的既定方针，但由于国民党的军队大部分远在西南、西北，要将其运往内战前线、完成内战部署需要相当的时间，也由于国际上苏联、美国等都表示希望中国能够实行和平建国，所以，蒋介石在积极准备内战的同时，又不得不表示愿意与中共进行和平谈判。蒋介石于1945年8月中下旬向延安接连发出三次电报，邀请毛泽东去重庆"共定大计"。蒋介石的真实意图是，如果谈判不成，即放手发动内战，并把战争责任强加给中共。

中国共产党对争取和平有着真诚的愿望，对局势也有着清醒的认识。中共中央认为，无论如何，在当时同国民党进行和平谈判是必要的。因为和平、民主、团结是战后人民的强烈愿望，只要有可能，党就应当争取通过和平的途径来实现中国的进步和发展。而且，由于蒋介石的内战部署一时难以完成，党和全国人民是有可能争取实现国内和平局面的，即使是暂时的和平局面，也应该积极争取，也是有利的。而在努力争取实现和平民主局面的同时，党没有丧失警惕，没有放弃进行自卫战争的必要准备。

8月23日，中共中央政治局召开扩大会议，提出今后对待国民党的方针是"蒋反我亦反，蒋停我亦停"，以斗争达到团结，迫使国民党在一定程度上接受人民的要求，实施一定的政治改革，以推进国内和平，建立联合政府，逐步实现政治民主化。8月25日，中共中央发表《对目前时局宣言》，明确提出"和平、民主、团结"的口号。当晚，中国共产党决定派毛泽东、周恩来、王若飞立即去重庆，同蒋介石进行和平谈判。

然而，国民党违背全国人民迫切要求休养生息、和平建国的意愿，执行反人民的内战政策，迅速失去了民心。为了筹措内战经费，国民党政府除了对人民征收苛重的捐税以外，更无限制地发行纸币。1948年8月，法币发行额已比1937年全民族抗战前夕增加47万多倍，而物价跃至全民族抗战前的725万多倍。美联社上海1947年7月24日电讯曾形象地描写道：法币100元可购买的物品，1940年为1口猪，1943年为1只鸡，1945年为1条鱼，1946年为1个鸡蛋，1947年为1/3盒火柴。恶性通货膨胀引起的物价飞涨，使人民一次又一次地遭到洗劫，使民族工商业走向破产。国民党统治区的工农业生产严重萎缩，国民经济遭遇深刻的危机。1947年，工业产量较1936年减少了30%。失业人数陡增，工人和城市居民濒临无法生存的境地。同时，农村经济急剧衰退。1947年，农作物总产量比1936年减少了33%—44%。广大农村饥民遍地，饿殍载道。1947年，各地饥民达1亿人以上。公教人员和学生群众的生活也陷入极度的困境。

国民党当局将全国各阶层人民置于饥饿和死亡线上，人民不得不团结起来，同蒋介石反动政府作殊死的斗争，除此以外，再无出路。

以1946年12月底爆发的抗议美军暴行运动（即抗暴运动）为标志，以学生群众为先锋的爱国民主运动同国民党反动政府之间的斗争，逐步形成配合人民解放战争的第二条战线。

1947年10月10日，毛泽东为中国人民解放军总部所起草的政治宣言明确提出，废除蒋介石统治的独裁制度，实行人民民主制度，保障人民言论、出版、集会、结社等项自由。

（三）满足人民的政治生活诉求

中国共产党自成立之日起，始终支持和领导人民当家作主，保障人民群众的政治利益。

在各根据地和红军不断发展的形势下，1931年11月，中华苏维埃第一次全国代表大会在瑞金召开，选举产生中华苏维埃共和国中央执行委员会，宣布成立中华苏维埃共和国临时中央政府。毛泽东当选为中央执行委员会主席和中央执行委员会人民委员会主席。大会通过的《中华苏维埃共和国宪法大纲》规定："中华苏维埃政权所建设的是工人和农民的民主专政的国家""中华苏维埃共和国之最高政权为全国工农兵会议（苏维埃）的大会"。在苏维埃政权领域内的工人、农民、红军兵士及一切劳苦群众和他们的家属，不分男女、种族、宗教，在苏维埃法律前一律平等，皆为苏维埃共和国的公民。在苏维埃政权下，所有工人、农民、红军兵士及一切劳苦民众都有权选派代表掌握政权的管理。

读懂民为邦本

中华苏维埃共和国实行工农兵代表大会制度，分为乡（市）、区、县、省和全国五级。各级苏维埃政府广泛吸收工农群众代表参加政权管理，行使当家作主的权利。这种制度，体现了广大人民群众的根本利益和要求。苏维埃选举法还规定，苏维埃公民在16岁以上都享有选举权和被选举权，直接选派代表参加各级工农兵会议的大会，讨论和决定一切国家的和地方的政治事务。从1931年11月到1934年1月，中央根据地进行三次民主选举，并颁布了选举法细则。在选举中，许多地方参加选举的人占选民总人数的80%以上，一些地方达到了90%以上。妇女享有与男子平等的权利，在代表中一般占20%以上。其他根据地也相继召开各级工农兵代表大会，选举产生各级苏维埃政府。

抗日战争时期，抗日民主根据地是认真贯彻和实现中国共产党全面抗战路线、坚持抗战和争取胜利的坚强阵地。陕甘宁边区是根据地建设的模范。毛泽东多次指出，边区的作用，就在做出一个榜样给全国人民看，使他们懂得这种制度是最于抗日救国有利的。他把边区的性质、特点、意义归结为一点，就是"把抗日战争与民主制度结合起来"。1941年5月1日，中共中央批准的《陕甘宁边区施政纲领》在《新华日报》上公布，纲领全面体现了中国共产党团结抗战的基本路线和根据地建设的基本方针。

民主政权建设，是抗日根据地建设首要的、根本的任务。中国共产党提出，根据地政权是共产党领导的抗日民族统一战线性质的政权，是一切赞成抗日又赞成民主的人们的政权，是几个革命阶级联合起来对于汉奸和反动派的民主专政。

第三章
中国共产党对民为邦本的不懈求索

抗日民主政权普遍采取民主集中制，各级抗日民主政权机构的领导人都经过人民选举产生。1939年1月陕甘宁边区第一届参议会通过的《陕甘宁边区选举条例》规定，凡居住边区境内之人民，年满十八岁者，无阶级、职业、男女、宗教、民族、财产与文化程度之区别，经选举委员会登记，均有选举权与被选举权。在实际投票中，群众有许多创造，如采取了投豆、画圈、画杠、燃香在纸上烧眼等选举办法。抗日民主政权努力发扬政治民主，保障人民的民主自由权利。各级政府工作人员密切联系群众，全心全意为人民服务。正如朱德总司令所称："实行民主真行宪，只见公仆不见官。"

抗日根据地重视法制建设，为人民当家作主、改善人民的生活提供法律保障。各根据地在创立发展过程中，依据党的路线、纲领和政策，借鉴土地革命战争时期的经验，结合抗日统一战线的实际，相继制定、颁布各种法规和条例，如各级参议会组织条例、各级政府组织条例、选举条例、减租减息条例、改善工人生活条例、婚姻条例、保障人权财权条例、惩治贪污条例，等等。这些法规和条例的制定颁行，使抗日根据地的法制建设初具规模。作为模范区的陕甘宁边区，不仅颁行了一系列行之有效的法规、条例，而且在实践中创造出把党的群众路线和优良传统运用于审案工作的"马锡五审判方式"，得到中共中央和边区政府的肯定，并为其他根据地所仿效。抗日民主政权实行各民族平等团结、共同抗日的基本政策，在少数民族聚居地区试行民族区域自治。这是中国共产党从中国国情出发解决民族问题的一个创造。

二、耕者有其田

随着红军和农村革命根据地的建立和发展,土地革命广泛地开展起来。在根据地内,消灭封建地主土地所有制,实现"耕者有其田"是中国共产党在农村进行的重大社会变革。

毛泽东、朱德率领红四军主力进军赣南、闽西后,这个地区的土地革命即迅速开展。根据党的六大精神,1929年4月,毛泽东主持制定了兴国县《土地法》,将井冈山《土地法》中规定的"没收一切土地"改为"没收一切公共土地及地主阶级的土地"。这是一个原则性的改正。同年7月,在毛泽东的指导下,闽西党的第一次代表大会通过的决议中也规定"自耕农的田地不没收",并提出"抽多补少"的原则。会后,在闽西300多里的地区内进行分田,60多万贫苦农民得到了土地。1930年2月,在江西吉安破头村,中共红四军前委、赣西特委和红五、红六军军委举行联席会议(通称二七会议),批评了一些地区迟迟不分田的右倾错误,提出一要"分",二要"快";批评了一些地区按耕作能力和劳动力分配土地的做法,肯定了按人口平均分配土地的原则。会后,兴国等六县的全境和永丰等县的部分地区也全面开展分田运动。次年2月,毛泽东按照中共中央决定又以中央革命军事委员会总政治部主任的名义,写给江西省苏维埃政府一封信,指示省苏维埃政府通令各级政府发一布告,说明田地分给农民后,农民对土地有所有权,可以租借买卖,田中收获除给政府交土地税外,均归农民所有。这样,改变了井冈山《土地法》中关于土地所有权在政府而不属农民、农民只有使用权、

第三章
中国共产党对民为邦本的不懈求索

禁止土地买卖的规定。

与此同时,在赣东北、湘鄂西、鄂豫皖、湘鄂赣、广西右江、广东琼崖等革命根据地,土地革命也轰轰烈烈地开展起来。

三年多的土地革命实践,基本上形成了一套比较切实可行的土地革命的路线、政策和方法:依靠贫农、雇农,联合中农,限制富农,消灭地主阶级,变封建土地所有制为农民土地所有制;以乡为单位,按人口平均分配土地,在原耕地基础上,抽多补少,抽肥补瘦;等等。

土地革命的深入开展,使农村革命根据地的面貌发生了根本性变化。1930年10月,毛泽东在《兴国调查》中列举了贫农在十二个方面得到的利益:第一,分了田,这是根本利益。第二,分了山。第三,分了地主及反革命富农的谷子。第四,革命以前的债一概不还。第五,吃便宜米。第六,过去讨老婆非钱不行,现在完全没有这个困难了。第七,死了人不要用钱了。第八,牛价便宜了。第九,应酬废弃,迷信破除,两项的费用也不要了。第十,没有烟赌,也没有盗贼。第十一,自己可以吃肉了。第十二,最主要的就是取得了政权。他还写道,过去中农在政治上处于地主富农统治之下,没有话事权,现时,却与贫农雇农一起有了话事权。这样,绝大多数农民是拥护土地革命、拥护共产党的。广大农民在政治上、经济上的翻身,极大地激发了革命积极性。他们纷纷参加红军或支援前线。如江西兴国,23岁至50岁的翻身农民参加赤卫队;16岁至23岁的参加少年先锋队;8岁至15岁的少年儿童参加劳动童子团,任务是"放哨""检查烟赌""破除迷信打菩萨"。翻身农民还经常以粮、肉、鸡、鸭、布草鞋、香烟等物品慰劳红军。正是有了群众这"真正的铜墙铁壁",党和红军才多次创造了以少胜多、以弱胜强的奇迹。

土地革命是中国新民主主义革命的基本内容之一。中国社会各阶级及其政治代表对土地问题的态度和解决方法是不同的。民族资产阶级、小资产阶级政党的土地纲领是不坚决、不彻底的。代表大地主、大资产阶级利益的国民党则维护封建土地所有制。国民党有时口头上也讲"耕者有其田",但根本没有实行。只有中国共产党最坚决地领导广大贫苦农民,向统治了中国社会几千年的封建土地制度猛烈开火。

抗日战争时期,根据地内停止实行没收地主土地的政策,普遍实行地主减租减息政策,以减轻农民所受的封建剥削,提高他们抗日和生产的积极性;同时实行农民交租交息,以利于联合地主抗日。这是在民族战争的条件下兼顾农民和地主两方面利益,把坚持统一战线和解决农民问题恰当地结合起来的政策。为了发展农业生产,抗日民主政府动员农民开垦荒地,兴修水利;发动农民组织劳动互助,提高劳动生产率;帮助农民改良耕作技术,推广优良品种。

解放战争时期,解放军转入战略进攻后,解放区更加普遍深入地开展土地制度改革的运动。正如毛泽东所说:"土地制度的彻底改革,是现阶段中国革命的一项基本任务。如果我们能够普遍地彻底地解决土地问题,我们就获得了足以战胜一切敌人的最基本的条件。"

1946 年 5 月中共中央发布五四指示以后,到 1947 年下半年,解放区 2/3 的地方已基本上实现了"耕者有其田"。但还有 1/3 的解放区没有进行土地制度的改革；已进行改革的地方，有的也不够彻底。为了推动解放区土改运动进一步发展，1947年7月至9月，在刘少奇主持下，中共中央工作委员会在西柏坡召开全国土地会议，制定《中国土地法大纲》，并于同年10月由中共中央批准公布。

《中国土地法大纲》是一个彻底反封建的土地革命纲领。大纲规定："废除封建性及半封建性剥削的土地制度，实行耕者有其田的土地制度。"这就公开举起了废除封建地主土地所有制的革命旗帜。大纲又规定，乡村中一切地主的土地及公地，由乡村农会接收，连同乡村中其他一切土地，按乡村全部人口，不分男女老幼，统一平均分配在土地数量上抽多补少，质量上抽肥补瘦，使全乡村人民均获得同等的土地，并归各人所有。《中国土地法大纲》指引着在封建制度压迫下的亿万农民汇入伟大的民主革命的洪流。全国土地会议以后，解放区各级党政领导机关派出大批土改工作队深入农村，开展发动农民群众、组织贫农团和农会、控诉地主、惩办恶霸、分配土地等工作。广大农村迅速形成土地制度改革的热潮。

三、密切联系群众

1945年4月，毛泽东在《论联合政府》的报告中，对党的宗旨进行了系统阐释。他指出："我们共产党人区别于其他任何政党的又一个显著的标志，就是和最广大的人民群众取得最密切的联系。全心全意地为人民服务，一刻也不脱离群众；一切从人民的利益出发，而不是从个人或小集团的利益出发；向人民负责和向党的领导机关负责的一致性；这些就是我们的出发点。"

（一）开展党风党纪建设

在创建井冈山根据地的斗争中，毛泽东就尤其重视军队建设。1927年底，他规定部队必须执行打仗消灭敌人、打土豪筹款子、做群众工作三项任务。1928年4月，他又总结部队做群众工作的经验，规定部队必须执行"行动听指挥，不拿工人农民一点东西，打土豪要归公"三大纪律及"上门板，捆铺草，说话和气，买卖公平，借东西要还，损坏东西要赔"六项注意。后来，六项注意又增加"洗澡避女人"和"不搜俘虏腰包"两项内容，发展成为三大纪律、八项注意。这些规定体现了人民军队的本质，对于加强人民军队建设、正确处理军队内部的关系，特别是军民之间的关系、瓦解敌军等，都起了重大作用。

1929年12月，红四军党的第九次代表大会在福建省上杭县古田召开，这就是古田会议。会上传达了中共中央指示信。大会通过了八个决议案，其中最重要的是关于纠正党内错误思想的决议案，决议强调了加强党的思想建设的重要性，指明了党内各种非无产阶级思想的表现、来源及纠正办法。决议还提出了加强党的组织建设的任务，要求"厉行集中指导下的民主生活"，指出以后发展新党员要注重质量，党员要符合"政治观念没有错误（包括阶级觉悟）；忠实；有牺牲精神，能积极工作；没有发洋财的观念；不吃鸦片，不赌博"五个条件。

1933年12月15日，中华苏维埃共和国中央执行委员会发布第

第三章
中国共产党对民为邦本的不懈求索

二十六号训令《关于惩治贪污浪费行为》，规定苏维埃机关、国营企业及公共团体的工作人员，贪污公款达500元以上者处以死刑，300元以上500元以下者处以2年以上5年以下监禁，100元以上300元以下者处以半年以上2年以下监禁。根据这个规定，各级苏维埃政府严肃查处腐败案件，深得民心。1934年初，中华苏维埃第二次全国代表大会召开。会议指出，在财政政策上，应该使一切苏维埃人员明白贪污浪费是极大的犯罪。向着贪污浪费作坚决斗争，过去虽有了些成绩，以后还应加倍地用力。

这些作风要求规范了党员的行为，在一张借条中得到生动诠释。

2007年，河南一位叫李明山的农民修缮房屋时发现了一张借条，上面写着"今借到高河村李大娘苞谷五斗食盐叁斤"，署名是工农红军手枪连。

1934年农历冬月初二，红二十五军大队人马到达河南省卢氏县兰草村。因为害怕，村民们都关上门，纷纷躲进山里。李明山的奶奶项小翠因脚小走不了路，便留在了家里。刚到中午，项小翠就听见敲门声："老乡在家吗？我们是工农红军，想借您家打麦场住几天，行吗？"项小翠一听声音，觉得没有外面人说得那么可怕嘛，于是，她开了门。映入她眼帘的是一支衣衫单薄、戴着五角星帽子的军队，在这冰天雪地的映衬下，项小翠的内心立即有了一丝酸楚。她同意了队伍的请求，随即就上来20多个战士把麦场打扫得干干净净。项小翠彻底消除了顾虑，大声将乡亲们都叫下了山，还把自家牛棚让给红军住。当

读懂民为邦本

她看见战士们一人只喝贴碗底的一点儿粥后,她又将家里的五斗玉米(一斗70斤)、一大盆酸黄菜和三斤盐都拿了出来,让红军队伍吃了一顿饱饭。

红军走的那一天,指导员对项小翠说:"红军有纪律,借了老百姓的东西一定要还,但我们筹到的粮太少,借您的粮食就先打个借条,以后只要有红军路过,都会如数偿还的。"于是,项大娘拿着这张用铅笔写的"借粮条"送走了红军。直到去世,她也不曾向外人提起过,还交代自己的后人不要外传,更不能去找政府要钱。

后来,李明山经过考虑,将这张"借粮条"无偿捐给了政府。如今,这一张借条被陈列在卢氏县官坡镇红二十五军军部旧址的红二十五军纪念馆内。展板上介绍的"一张红军借粮条"的故事格外引人注目,真正体现了军民鱼水情。

遵义会议后,党的路线走上马克思主义的正确轨道,但对曾经给党的事业造成严重危害的主观主义、教条主义还没有来得及从思想上进行认真清理。为此,在20世纪40年代前期,中国共产党以延安为中心,在全党范围内开展了一场整风运动。整风运动分为两个层次进行:一是党的高级干部的整风,二是一般干部和广大党员的整风。重点是党的高中级干部特别是高级干部的整风。

1941年5月,毛泽东在延安高级干部会议上作《改造我们的学习》的报告。9月至10月,中共中央在延安召开政治局扩大会议(即九月会议),党的高级干部开始学习和研究党的历史,总结党的历史经验,以求从政治路线上分清是非,达到基本一致的认识,为全党普遍整风做了准备。1942年2月,毛泽东先后作《整顿党的作风》和《反对党八股》的讲演。整风运动在全党普遍展开。5月,中共中央政治局决定成立由毛泽东任主任的中央总学习委员会。

全党普遍整风的内容是反对主观主义、宗派主义、党八股以树立马克思主义的作风。反对主观主义以整顿学风,是整风运动最主要的任务。党的历史上反复出现的"左"、右倾错误,从思想根源来说都是主观主义,其主要表现形式是教条主义和经验主义。主观主义的实质是理论脱离实际,它颠倒了认识和实践的关系,是实际工作中的唯心主义。为此,毛泽东提出,我们要在党内发动一个启蒙运动,使我们同志的精神从主观主义、教条主义的蒙蔽中间解放出来。

1945年,党的七大把党在长期奋斗中形成的优良作风概括为三大作风,即理论和实践相结合的作风,和人民群众紧密联系在一起的作风,以及自我批评的作风。这是中国共产党区别于其他政党的显著标志。

(二)坚持群众观点,走群众路线

群众观点是认识群众、对待群众的基本看法。刘少奇在党的七大所作的关于修改党章的报告,对群众观点进行了概括:"一切为了人民群众的观点,一切向人民群众负责的观点,相信群众自己解放自己的观点,向人民群众学习的观点,这一切,就是我们的群众观点,就是人民群众的先进部队对人民群众的观点。"党的群众观点是确立党的根本宗旨、遵循党的群众路线、坚持人民至上的认识基础。

读懂民为邦本

牢固树立群众观点,要求思想上尊重群众、相信群众,实践上一切为了群众、一切依靠群众。1936年10月,刘少奇致信从事群众工作的同志指出:"我们不尊重群众,不信仰群众,就不能和群众打成一片,就不能取得群众对于我们的相信和尊重。"针对群众工作存在的主观主义、形式主义、官僚主义等现象,1943年初,党中央、毛泽东及时推广陕甘宁边区开展"拥军优抗,拥政爱民"(即"双拥")运动的成功做法,倡导推动这一运动在各抗日根据地蓬勃开展起来,形成军政军民团结齐心、同仇敌忾、共御外侮的生动局面。1943年5月,中共中央西北局发出《关于边区群众工作的指示》,要求确立群众观点,养成与群众打成一片的工作作风,切实注意调查研究,了解民情,替老百姓谋利益出主意。同时,要求党加强对群众工作的领导,特别是党的支部是群众的核心,必须以群众工作为其基本工作,切实领导定期检查。群众观点决定了党的作风,决定了党员干部能否密切联系群众。正因为群众观点的确立,中国共产党形成了密切联系群众的优良传统。

1945年4月23日,中国共产党第七次全国代表大会在延安杨家岭中央大礼堂开幕。出席大会的正式代表共547人,候补代表共208人,代表着全国121万名党员。这次大会距1928年在莫斯科召开的党的六大已有17年。

毛泽东致开幕词,向大会提交《论联合政府》政治报告并作口头报告。朱德作《论解放区战场》的军事报告,刘少奇作《关于修改党章的报告》,周恩来作《论统一战线》发言。

党的七大提出党的政治路线是:"放手发动群众,壮大人民力

第三章
中国共产党对民为邦本的不懈求索

量,在我党的领导下,打败日本侵略者,解放全国人民,建立一个新民主主义的中国。"七大强调,党的群众路线是党的根本的政治路线和组织路线。党员必须全心全意为中国人民服务,反对脱离群众的命令主义、官僚主义和军阀主义的错误倾向。这就使党的路线方针的顺利贯彻有了根本的保证。

抗日战争时期,为动员人民支持和参加抗战,认同和支持抗日根据地政权,中国共产党主张从满足人民物质利益入手进行政治动员。1941年,陕甘宁边区为维持基本运行,要老百姓出20万石公粮,还要运输公盐,负担很重,弄得老百姓哇哇叫。6月3日,陕甘宁边区政府召开县长联席会议,讨论征粮问题,延川县代县长李彩云不幸被雷电击死。消息传出后,有个农民借题发挥说,这雷咋不打死毛泽东。

保卫部门要把这件事当作反革命事件来追查,被毛泽东制止了。他想,一个农民为什么会说出这样的话来,党的工作到底出了什么问题?毛泽东在党的七大谈到这件事时说:"我调查了一番,其原因只有一个,就是征公粮太多,有些老百姓不高兴。那时确实征公粮太多。要不要反省一下研究研究政策呢?要!"在毛泽东看来,从1921年中国共产党成立到1942年中共中央西北局召开高级干部会议,"我们还没有学会搞经济工作。没有学会,要学一下吧!不然雷公要打死人"。

当时,为了减轻老百姓的负担,毛泽东抓了两件事,一是号召积极开展以农业为中心的大生产运动,二是实行精兵简政,都取得了显著成效。1942年12月毛泽东在中共中央西北局高级干部会议上的报告中强调:"一切空话都是无用的,必须给人民以看得见的物质福利。"

第二节　社会主义革命和建设时期践行民为邦本

一、中华人民共和国的一切权力属于人民

中国革命的胜利是人民力量的胜利。中国人民不仅以人力、物力支援人民解放战争,而且积极参加中国共产党在国民党统治区内开辟的第二条战线的爱国民主运动,为中国革命胜利提供了取之不尽、用之不竭的力量源泉。1949年6月30日毛泽东发表《论人民民主专政》一文,对人民概念给出明确定义:"人民是什么?在中国,在现阶段,是工人阶级,农民阶级,城市小资产阶级和民族资产阶级。这些阶级在工人阶级和共产党的领导之下,团结起来,组成自己的国家,选举自己的政府,向着帝国主义的走狗即地主阶级和官僚资产阶级以及代表这些阶级的国民党反动派及其帮凶们实行专政,实行独裁,压迫这些人,只许他们规规矩矩,不许他们乱说乱动。如要乱说乱动,立即取缔,予以制裁。对于人民内部,则实行民主制度,人民有言论集会结社等项的自由权。选举权,只给人民,不

第三章
中国共产党对民为邦本的不懈求索

给反动派。"在这里,毛泽东不仅厘定了人民的范围,而且明确了人民在国家政治生活中的主体地位,这是对人民作为革命主体的确证。

中华人民共和国的成立,揭开了中国历史新的篇章,人民成为国家主人。1949年10月24日,毛泽东在中南海菊香书屋接见绥远军区负责人时指出,"中国已归人民,一草一木都是人民的"。为此,党通过一系列制度、法律措施,切实保障人民当家作主,调动人民投身社会主义建设的积极性、主动性、创造性,成为推进社会主义建设的主体力量。

(一)扫清旧社会的障碍

土地改革是实现广大农民当家作主的经济基础。1950年6月,中央人民政府委员会通过由中共中央提出的《中华人民共和国土地改革法(草案)》。到1952年底,除一部分民族地区外,土地改革在全国大陆基本完成。包括老解放区在内,全国有约3亿无地少地的农民无偿地获得约7亿亩土地,免除了过去每年向地主交纳的3000万吨以上粮食的地租。同时,广大农民还分得大量的其他生产资料和生活资料,计有耕畜296万头,农具3944万件,房屋3795万间,粮食100多亿斤。土地改革极大地激发了亿万农民的政治热情和生产积极性。

民族地区的土地改革,由于经济、政治状况和社会、历史条件有许多不同的特点,党决定采取更加慎重、更加和缓的政策和步骤,用较长时间陆续予以完成。

工业改革调动工人生产积极性。中国官僚资本企业的畸形发展,在不少产业、行业内形成一套由封建把头把持生产和管理的腐朽制度,许多工厂里的封建把头专事欺压工人,对工人实行超经济的盘剥。在接收官僚资本企业之初,这些封建把头势力还来不及彻底清除,仍在施加其影响,压制工人的政治热情和生产积极性,使工人当家作主的地位得不到充分体现。随着国营厂矿中党、团、工会组织的建立和发展,各地首先废除了使工人群众深恶痛绝的封建把头制、侮辱工人的搜身制等。1951年11月,中共中央发出《关于清理厂矿交通等企业中的反革命分子和在这些企业中开展民主改革的指示》,要求各地发动和依靠工人群众,有领导、有计划、有步骤地对工厂、矿山和交通等企业部门,首先对国营厂矿、交通等企业内的残余反革命势力进行系统的清理,并对国营企业内所遗留的旧制度进行或进一步完成必要的民主改革。

在民主改革的基础上,各国营厂矿以生产为中心对劳动组织进行整顿,建立新的劳动制度和劳动组织,把一批在生产上有经验、在群众中有威信的工人和职员提拔到生产和行政管理岗位上来,使企业的各级领导权掌握在工人阶级手中。各厂矿普遍建立起厂长领导下的工厂管理委员会,并通过工会委员会、职工代表会议联系工人、职员群众,发动和组织职工参加企业管理,初步建立适合生产需要的民主管理制度,调动了广大工人群众当家作主、搞好生产的积极性,使工业生产的恢复取得显著成绩。

封建婚姻制度改革保障男女权利平等。旧中国的封建婚姻制度,是一种以夫权为中心、压迫妇女并剥夺男女婚姻自由的落后的婚姻制度。它对人性、人权的束缚和摧残,世代相袭,酿成无数人生悲

第三章
中国共产党对民为邦本的不懈求索

剧,同时牵涉社会观念、伦理道德、宗法习俗等许多方面的问题,对整个社会的影响根深蒂固。1950年5月1日颁行的《中华人民共和国婚姻法》明确规定,废除包办强迫、男尊女卑、漠视子女利益的封建主义婚姻制度。实行男女婚姻自由、一夫一妻、男女权利平等、保护妇女和子女合法利益的新民主主义婚姻制度。新婚姻法的颁布施行,是配合土地改革肃清封建残余和建立新的社会生活的一项重大改革。全国城乡通过报刊、广播、文艺、图片等多种形式进行广泛宣传,使有关新型婚姻制度的法律规定,通过群众喜闻乐见的形式做到基本家喻户晓,深入人心,男女权利平等、婚姻自由等新的道德观念逐步树立起来,"嫁汉嫁汉,穿衣吃饭"等旧的婚姻观念正在改变。

由于受旧的婚姻制度影响很深,一些新解放地区,特别是边远地区,贯彻《婚姻法》很不够,包办婚姻和早婚现象仍严重存在,童养媳陋俗多原封未动,有些地方甚至仍有蓄婢纳妾的恶习,妇女被虐待或因婚姻问题自杀、被杀的现象依然存在。为此,1952年11月和1953年2月,中共中央、中央人民政府政务院先后发出指示,要求各地开展一次贯彻《婚姻法》的大规模运动。婚姻制度的改革,虽是一种反封建的民主改革,但它不同于农村中的土地改革和其他社会改革。因为婚姻制度的改革是人民内部的思想斗争,从人们思想中清除旧社会遗留下来的关于婚姻问题方面的封建意识,需要有长期的、细致的、耐心的工作,而不能采取粗暴急躁的态度与阶级斗争的方法。对一般干涉婚姻自由和有违反《婚姻法》行为的干部群众,主要进行批评教育,对极少数虐待虐杀妇女以及干涉婚姻自由造成严重恶果的犯罪分子,则须依法惩处。

经过贯彻《婚姻法》运动,封建婚姻制度在全国大部分地区被摧毁,广大群众普遍树立起婚姻自由、男女平等的观念,开始形成新的社会风气。占全国人口半数的广大妇女从封建婚姻制度的束缚下得到解放,参加各种生产和社会活动的热情高涨,社会地位有了很大提高。

(二)人民民主专政制度保障人民当家作主

1951年10月,毛泽东在全国政协一届三次会议的开幕词中指出:"一切事实都证明:我们的人民民主专政的制度,较之资本主义国家的政治制度具有极大的优越性。在这种制度的基础上,我国人民能够发挥其无穷无尽的力量。"在国家制度体系中,政治制度处于关键环节,毛泽东通过两种制度的比较,从人民力量作用空间的角度说明了人民民主专政制度的优越性。

人民民主专政之所以能提供人民发挥作用的空间,关键在于保障人民的民主和自由。在党的七届三中全会上,毛泽东强调:"人民政府的一切重要工作都应交人民代表会议讨论,并作出决定。必须使出席人民代表会议的代表们有充分的发言权,任何压制人民代表发言的行动都是错误的。"民主集中制的人民代表大会制度在新中国成立后有条不紊地推进。新中国成立之初,由于各方面条件还不成熟,创造了各界人民代表会议这一过渡形式,即在新解放地区,先由军事管制委员会从社会各界聘请一些具有代表性的人士,或由群众团体推派代表,组成各界人民代表会议,作为军管初期政府领导

第三章
中国共产党对民为邦本的不懈求索

机关征询意见、传达政策、联系群众的协议机关,听取和讨论政府的工作报告,提出批评和建议,起到了党和政府同人民群众密切联系的纽带作用。

  清华大学教授费孝通参加了北平市各界代表会议,看到许多一望而知不同的人物,有穿制服的、穿工装的、穿短衫的、穿长袍的,还有戴瓜皮帽的,都在听取市长的工作报告,一起讨论财政税收等问题。会议还对各界代表提交的提案,分别予以审议、安排处理。他感到参加这样的会议,就像上了几天生动的"民主课"。毛泽东对开好各级各界人民代表会议十分重视,认为这对于我党联系数万万人民的工作,对于使党内外广大干部获得教育,都是极重要的。

随着社会秩序基本安定,群众组织程度提高和经验的积累,1951年4月,政务院发出《关于人民民主政权建设工作的指示》,要求各级政府必须按期召开人民代表会议;各级人民政府的一切重大工作,应向同级人民代表会议提出报告,并在代表会议上进行讨论与审查;一切重大问题应经人民代表会议讨论并作出决定。到1951年10月,全国大多数省、市、县都召开了人民代表会议,其中有17个省、69个市、186个县的人民代表会议代行人民代表大会的职权,通过民主选举方式,选出政府负责工作人员。到1952年底,人民代表会议已形成一项经常的制度,在全国各地自下而上地建立起来。各界人民代表会议是从进城之初临时的军事管制制度,逐步过渡到正式选举的人民代表大会制度的适当形式，是实行民主集中制的人民代表大会的雏形。它为党和人民政府进一步加强国家的民主政治建设积累了可贵的经验。

1954年9月15日至28日，第一届全国人民代表大会第一次会议在北京隆重举行。这次大会的首要任务，是审议通过《中华人民共和国宪法（草案）》。

大会一致通过的《中华人民共和国宪法》，是中华人民共和国的第一部宪法，确立了我国的根本政治制度，明确规定："中华人民共和国是工人阶级领导的、以工农联盟为基础的人民民主国家。""中华人民共和国的一切权力属于人民。人民行使权力的机关是全国人民代表大会和地方各级人民代表大会。""全国人民代表大会、地方各级人民代表大会和其他国家机关，一律实行民主集中制。"宪法明确了我国向社会主义过渡的方向和途径，规定："中华人民共和国依靠国家机关和社会力量，通过社会主义工业化和社会主义改造，保证逐步消灭剥削制度，建立社会主义社会。"宪法还规定了公民的基本权利和义务，使中国人民的基本人权在新中国第一次获得了宪法的保障。

1954年制定的《中华人民共和国宪法》，是一部社会主义类型的宪法。它体现了两大原则，即人民民主原则和社会主义原则，把中国人民行使当家作主权利的政治制度用根本大法形式确定下来，并指明了为建立社会主义社会继续奋斗的正确道路。刘少奇在《关于中华人民共和国宪法草案的报告》中指出，中国共产党是我们国家的领导核心；中国共产党的党员必须在遵守宪法和一切其他法律中起模范作用。宪法确立了国家体制的格局：全国人民代表大会即最高国家权力机关；国务院即中央人民政府，是最高国家权力机关的执行机关，是最高国家行政机关。

二、全心全意为人民服务

1949年9月29日通过的《中国人民政治协商会议共同纲领》指出，中华人民共和国是实行工人阶级领导的，以工农联盟为基础的、团结各民主阶级和国内各民族的人民民主专政的国家。新中国成立后，人民成为国家主人，人民主体地位的确立和人民在社会主义改造和社会主义建设中主体作用的发挥，强化了中国共产党人的群众观点。党的八大党章明确规定，每一个党员都应当理解党的利益和人民利益的一致性，对党负责和对人民负责的一致性，都必须全心全意地为人民群众服务，遇事同群众商量，倾听群众的意见，关心群众的痛痒，尽力帮助群众实现他们的要求。中国共产党已经是执政的党，因此特别应当注意谦虚谨慎，戒骄戒躁，并且用极大的努力在每一个党组织中，在每一个国家机关和经济组织中，同脱离群众、脱离实际生活的官僚主义现象进行斗争。这一规定蕴含党的群众观点和实践群众路线的具体要求。

（一）以人民的需要为发展的出发点和落脚点

1. 新中国成立初期党和政府工作的着力点

新中国成立前夕，周恩来在起草共同纲领的过程中提出，一切文化、科学、教育及宣传，均应服从于新民主主义的政治要求，为人民大众服务；一切文学、艺术均应以劳动人民为主要对象，以他们生活为主要内容，鼓励他们生产热情，启发他们政治觉悟。这里所表达的是以人民为中心发展文化、科学、教育的思想，关注的是人民精神生活的满足。

1949年9月21日，毛泽东在中国人民政治协商会议第一届全体会议的开幕词中指出，中华民族要"以勇敢而勤劳的姿态工作"，"创造自己的文明和幸福"。这确立了新中国发展的目标，"文明"包括物质文明和精神文明，"幸福"包括物质生活幸福和精神生活幸福。1950年，刘少奇在阐释国家工业化和人民生活水平提高的关系时指出，提高生活水平，过富裕的和有文化的生活。这是全国最大多数人民最大的要求和希望，也是中国共产党和人民政府力求实现的最基本的任务。我们党既关注人民物质生活需求的满足，也关注人民文化生活需求的满足。1952年，国家建设方针就是要为国家的工业化建立基础，逐步提高人民的物质生活和文化生活的水平。1953年新年伊始，《人民日报》发表元旦社论指出，国家建设的目的"在于不断提高我国人民的物质生活和文化生活的水平"。因此，提高人民的物质生活和文化生活水平，成为新中国成立初期党和政府工作的着力点。1954年9月，周恩来指出，社会主义经济的唯一目的，就在于满足人民的物质和文化的需要，而为了充分满足人民的物质和文化的需要，又必须不断发展社会主义经济。以满足人民的物质生活、文化生活需要作为我国经济发展的目的，彰显了人民至上。

2. 优先发展重工业，满足人民的物质文化需求

毛泽东强调："没有工业，便没有巩固的国防，便没有人民的福利，便没有国家的富强。"新中国成立后，1952年完成了国民经济恢复的任务，但是现代工业产值在全国工农业总产值中的占比只有43.1%，重工业在工业总产值中只占35.5%。许多重要工业产品的人均产量，不仅远远落后于工业发达国家，甚至低于印度这样的新兴独立国家。特别是经过抗美援朝战争同世界头号强国美国的较量，改变我国工业落后状况的要求显得尤为紧迫。

鉴于我国工业基础，特别是重工业基础十分薄弱，交通运输业极不发达，以及轻工业因能源、原材料的制约而一时开工不足，而且得不到新装备的补充和技术改造等实际国情，中共中央作出优先发展重工业的决策。党中央在制定"一五"计划时强调，人民革命和社会主义建设的最高目的，"就是要不断地提高人民的物质生活和文化生活的水平"。

1952年12月，中共中央在《关于编制一九五三年计划及五年建设计划纲要的指示》中指出："工业化的速度首先决定于重工业的发展，因此我们必须以发展重工业为大规模建设的重点""首先保证重工业和国防工业的基本建设，特别是确保那些对国家起决定作用的，能迅速增强国家工业基础与国防力量的主要工程的完成"。这个重大决策，是同当时我国处于帝国主义的经济封锁和军事威胁的现实国际环境分不开的。"一五"计划确定的经济建设指导方针，突出了集中主要力量发展重工业，建立国家工业化和国防现代化初步基础的核心要点，同时要求相应地发展交通运输业、轻工业、农业和

商业，相应地培养建设人才，保证国民经济中社会主义成分的比重稳步增长，保证在发展生产的基础上逐步提高人民物质生活和文化生活水平等。

"一五"计划在编制和实施过程中，较好地处理了我国经济建设中的几个重大关系问题。一是在优先发展重工业的同时，不放松农业、轻工业，对国民经济各个部门进行统筹兼顾、全面安排。二是在经济发展的布局上，基本建设投资及投资金额在限额以上的工业建设单位，有一半左右安排在内地，以改变历史形成的我国工业大多集中在沿海地区的不合理状况。三是在经济建设的规模、效益和速度上，与国力相适应，确定工业、农业生产平均每年增长的指标既积极又稳妥。四是把发展生产同改善人民生活恰当地结合起来；既要争取外援，又强调自力更生，明确国家建设应以国内力量为主。

五年间，全国物价基本稳定，人民生活水平逐步提高。1957年全国居民平均消费水平达108元，比1952年提高24.5%，其中城镇居民为222元，比1952年提高31.7%；农民为82元，提高16.8%。到1957年底，全国职工总数达3101万人，比1952年增长93.4%，城市失业问题基本得到解决；国有职工的年平均工资达637元，比1952年现价增长42.8%；1957年城乡居民的储蓄存款比1952年增长3.1倍。

1954年颁布的《中华人民共和国宪法》对公民的基本权利作出更为具体的规定：中华人民共和国年满十八岁的公民有选举权和被选举权；中华人民共和国公民有言论、出版、集会、结社、游行、示威、宗教信仰、居住和迁徙的自由；中华人民共和国公民有劳动、休息、受教育的权利。通过宪法规定确认公民权利，表明了公民权利的神圣性，使公民权利有了法律的保障。

3. 提出新的社会主要矛盾

党的八大坚持了1956年5月党中央提出的既反保守又反冒进，即在综合平衡中稳步前进的经济建设方针。1956年初，由于三大改造提前完成的压力，由于想利用国际缓和形势加快建设步伐，也由于缺乏经验和对客观规律重视不够，我国经济建设出现了忽视综合平衡、层层抬高计划指标的急躁冒进势头，导致市场供应紧张，人民生活受到一定影响。党中央、国务院及时作了反冒进的努力，确定了既反保守又反冒进的经济建设方针，初步遏制了冒进倾向。党在反冒进中形成的正确决策被党的八大所确认。

党的八大通过的关于政治报告的决议指出，我国社会的主要矛盾，"已经是人民对于建立先进的工业国的要求同落后的农业国的现实之间的矛盾，已经是人民对于经济文化迅速发展的需要同当前经济文化不能满足人民需要的状况之间的矛盾"，进一步表明了对人民利益、人民需要的关切和回应，解决主要矛盾的过程成为满足人民需要的过程。

（二）加强党的建设，密切党同人民群众的血肉联系

社会主义革命和建设时期，全心全意为人民服务不仅是党的宗旨，而且成为国家工作人员的准则。为纠正党内不良作风，使国家工作人员坚持群众观点，践行群众路线，我们党严抓党内不良作风，

惩治贪污腐败行为，并以法律形式规范行为。

党始终坚持全心全意为人民服务的宗旨，积极发挥模范带头作用，在人民群众中享有很高威信。但是，党的组织状况及干部思想作风方面也存在和出现不少问题。党中央特别关注党内出现的新情况、新问题，针对党内一部分人滋长的以功臣自居的骄傲自满情绪和官僚主义、命令主义作风，1950年5月1日，中共中央发出《关于在全党全军开展整风运动的指示》，要求严格地整顿全党的作风，首先是整顿干部作风。6月，党的七届三中全会对全党整风工作作了具体部署。1950年下半年开始，全党整风运动分批进行，于年底结束。各地在整风中，将由上而下地整顿领导，同由下而上地检查工作相结合，有针对性地克服上级机关的官僚主义和中下级机关的命令主义，纠正干部、党员中的居功自傲情绪和"革命到头"思想，加强了党同人民群众的联系，为在广大新区进行土地改革做了组织上和干部上的准备。

正当全国人民努力增加生产、厉行节约的时候，各地陆续暴露出党政机关内部存在的贪污、浪费现象和官僚主义问题。根据东北、华北地区所反映的严重情况，1951年12月1日，中共中央作出《关于实行精兵简政、增产节约、反对贪污、反对浪费和反对官僚主义的决定》，指出进城两三年来，严重的贪污案件不断发生，必须彻底揭露一切大中小贪污事件，开展"三反"斗争。

1952年1月，中共中央下达限期发动"三反"斗争的指示。为了推动运动发展，中共中央及时抓住典型重大案件严肃处理。

第三章
中国共产党对民为邦本的不懈求索

1952年2月10日,河北省举行对刘青山、张子善的公判大会。刘、张二人在任天津地委书记、天津行署专员期间,利用职权盗用公款,从事非法经营活动,生活腐化堕落,蜕变为大贪污犯。事情被揭露后,其上级领导因顾念他们在战争年代曾出生入死,有过功劳,在干部中影响较大,向毛泽东呈请是否可以不要枪毙,给他们一个改造的机会。毛泽东态度鲜明地说:"正因为他们两人的地位高,功劳大,影响大,所以才要下决心处决他们。只有处决他们,才可能挽救二十个、二百个、二千个、二万个犯有各种不同程度错误的干部。"经最高人民法院核准,刘青山、张子善被执行死刑。

公判大会震动全国,引起强烈反响。它向全国人民表明,中国共产党绝不容忍利用执政党地位谋取私利的腐败现象,贪污腐败分子一经发现,不管资格多老、职务多高,一律严惩不贷,在人民中间树立起秉公执法、严惩腐败的形象。

"三反"运动的深入开展,暴露出党政军机关从事生产经营存在严重问题。1952年4月,中央人民政府公布施行《中华人民共和国惩治贪污条例》,明确规定了有关贪污问题的处理方针、办法、步骤及批准权限,使有关处理工作进入法律程序。同年10月,"三反"运动结束。至此,全国共查出被贪污的赃款赃物6亿元,38402名贪污分子受到刑事处理。这是共产党执政后惩治腐败的初战,清除了干部队伍里的蛀虫,教育了干部的大多数,挽救了犯错误的人员。这对抵制旧社会的恶习和资产阶级腐朽思想的侵蚀,形成清正廉洁的党风政风和健康的社会风气，起了很大作用。

1954年颁布的《中华人民共和国宪法》总纲第十八条规定："一切国家机关工作人员必须效忠人民民主制度，服从宪法和法律，努力为人民服务。"如此，以法律形式对国家工作人员提出了为人民服务的要求。

1956年9月，党的八大着重提出了执政党的建设问题。大会《关于修改党的章程的报告》，一方面突出地提出反对党内主观主义、宗派主义、官僚主义，批评那种脱离实际、脱离群众的思想作风；另一方面，根据苏联社会主义建设的经验教训，强调坚持民主集中制和集体领导制度，反对个人崇拜，反对突出个人，反对对个人歌功颂德。报告指出，群众路线是我们党的组织工作中的根本问题，是党章中的根本问题，是需要在党内反复进行教育的。党的领导工作能否保持正确，决定于它能否采取"从群众中来，到群众中去"的方法。一个党和它的党员，只有认真地总结群众的经验，集中群众的智慧，才能指出正确的方向，领导群众前进。"对于领袖的爱护——本质上是表现对于党的利益、阶级的利益、人民的利益的爱护，而不是对于个人的神化。"八大通过的党章在党员义务方面增加"维护党的团结，巩固党的统一""对党忠诚老实"等内容。

1957年3月，毛泽东告诫全党："共产党就是要奋斗，就是要全心全意为人民服务，不要半心半意或者三分之二的心三分之二的意为人民服务。"这是对全体党员提出的践行党的宗旨的要求。

在国内发生严重经济困难时，党中央以对人民负责的态度，及时把情况告诉人民，公开进行自我批评，努力调整政策，纠正错误。

第三章
中国共产党对民为邦本的不懈求索

尽管党的工作出现失误，社会主义建设事业遭遇挫折，物质生活遇到困难，广大人民仍然紧密地团结在党的周围，共同战胜困难、争取经济好转。因为人民相信，中国共产党是代表中国人民的根本利益、坚持全心全意为人民服务宗旨的党。在艰苦的岁月里，领袖和人民，干部和群众，始终休戚与共，同甘共苦，一起渡过难关。

在十年社会主义建设中，党和人民顶住外来的种种压力，坚持独立自主、自力更生、艰苦奋斗，涌现出无数先进典型和英雄模范人物，形成了具有特定内涵的时代精神。

大庆精神

1959年农历春节，石油工业部的会议室里灯火通明，时任石油工业部副部长的康世恩顾不上过年，连夜组织地质勘探司、松辽石油勘探局开会研究第三口探井的开钻方案，这场会议从大年初一一直开到大年初三。几经周折，被称为松基三井的井位终于确定下来。春节刚过，队长包世忠便率松辽石油勘探局32118钻井队开始了一场冰天雪地大迁徙，目标地是130公里之外的黑龙江省肇源县大同镇新井位。没有大型吊装运输设备，他们就把总重超过100吨的乌德大钻机全部拆散，通过倒链、滚杠等土办法，用近两个月的时间，终于胜利完成了"蚂蚁搬家"任务。1959年4月11日，鞭炮声声，乌德大钻机在百姓好奇的围观中正式开钻。9月26日下午3时45分，一条黑色油龙顺着管子喷薄而出，油花飞溅中人们欢呼雀跃，找油的千辛万苦化作幸福的泪花奔涌而出。中国人在中国的土地上采出了自己的石油！时值新中国成立10周年大喜大庆之际，油田以"大庆"命名，从此登上了历史舞台！

东北发现了大油田，一场规模空前的石油会战打响了。4万人马从天南海北涌向莽莽荒原，37岁的全国劳动模范王进喜也从玉门率领1205钻井队30多名队员日夜兼程赶来大庆参战。下了火车，他一不问吃、二不问住，而是"连珠炮"般提了三个问题："钻机到了没？井位在哪里？这里钻井的最高纪录是多少？"他是带着一股子气去的：国家缺石油太难了，一定要早日拿下这个大油田，甩掉石油落后的帽子，为全国人民争口气！

由于长期高强度的工作，正值壮年的王进喜被确诊为胃癌晚期。临终前，他将一个纸包交给组织，里面是他住院以来组织分发的补助款和一张记账单。原来，组织给的钱，他一分未动。他说："这笔钱，请把它花到最需要的地方去，我不困难。"1970年11月15日，年仅47岁的王进喜与世长辞。"宁肯少活二十年，拼命也要拿下大油田！"在大庆，王进喜用自己的汗水和生命，践行了这句铮铮誓言。

焦裕禄精神

1962年冬天，正是河南兰考县遭受风沙、内涝、盐碱"三害"最严重的时刻，全县的粮食产量下降到了历年的最低水平，平均亩产仅43斤。这时焦裕禄被派到兰考，任县委书记。焦裕禄到兰考县不久，就亲自去老韩陵大队做调查研究，并结合调

第三章
中国共产党对民为邦本的不懈求索

查的实际情况，撰写了一份调查报告。他说："我们每天都在指挥生产，每天都在发言，不调查研究怎么能行呢？"作为县委书记，每一项重大决策都关系到几十万甚至上百万老百姓的利益。科学决策的前提是深入调研，是对工作方方面面的全面了解。决不能因调研不深入、工作不细致，让百姓为自己的"决策失误"买单，让党的事业蒙受损失。

焦裕禄走遍兰考大地，发现黄沙漫天，到处都是白茫茫的盐碱地，这让焦裕禄心痛不已。他下定决心，一定要带领全县人民战胜自然灾害。在之后的一年多，焦裕禄靠一辆自行车和自己的双脚，走遍了120多个生产大队，行程1250多公里。正是本着对工作极端负责的态度，身为县委书记，焦裕禄不顾自身病痛，前往一线调查研究，用亲自调查的第一手翔实资料作为治理"三害"的决策依据。他所开创的水利工程，最终让20多万亩盐碱地变为良田；为治理风沙而大面积种植的泡桐，后来也成了闻名于世的民族乐器材料。

焦裕禄为了解"三害"，起风沙时，他带头去查风口，探流沙；下大雨时，他蹚着齐腰深的洪水察看洪水流势。他还经常忍着肝部剧痛，卷起裤腿和群众一起翻地、封沙丘、种泡桐、挖河渠，直到住院前几天，他还挥舞铁锨在红庙公社葡萄架大队和群众一起劳动。在肝癌后期，他拿个鸡毛掸子、茶杯盖等物品顶着肝部坚持工作，常坐的藤椅右边都被顶出了一个大窟窿。

1963年6月，焦裕禄又回到尉氏县担任县委副书记一职，这里是他曾经战斗过的地方，有很多老朋友，能很快融入环境、团结同志、开展工作。在这四个多月时间里，通过自身的学习和实践经验的积累，焦裕禄还总结了两条领导原理，即要搞好团结、要认真学习和贯彻党的方针政策，因此被树为县委书记的榜样。1964年5月14日，焦裕禄因肝癌逝世，年仅42岁。

"两弹一星"精神

20世纪五六十年代，为了抵御帝国主义的武力威胁和打破大国的核讹诈、核垄断，尽快增强国防实力，保卫和平，党中央果断决定研制"两弹一星"。响应国家号召，一大批优秀的科技工作者，包括许多在国外已经有杰出成就的科学家，怀着对新中国的满腔热爱，义无反顾地投身到这一伟大的事业中来。他们把个人的理想与祖国的命运紧紧联系在一起，把个人的志向与民族的振兴紧紧联系在一起，苦干惊天动地事，甘做隐姓埋名人，有的甚至献出了宝贵的生命。

郭永怀，被称为中国核武器研制初期的三大台柱之一，也是我国近代力学奠基人之一。他说："我们这些人早在回国的时候，就把名啊利啊放在一边了。"当乘坐的飞机遭遇空难时，他为了保存重要数据资料，与警卫员紧紧抱在一起。当人们费力地将被烧焦的遗体分开时才发现，那个装有绝密资料的公文包竟安然无损地夹在他们胸前。郭永怀和他的警卫员，为了即将升腾的"蘑菇云"，用这种极为壮烈的方式为国捐躯。在郭永怀牺牲22天后，我国第一颗热核导弹爆炸试验取得成功。

第三节　改革开放和社会主义现代化建设新时期践行民为邦本

一、得民心者得天下

改革开放是基于人民立场的伟大创造。热爱人民，是邓小平同志一生最深厚的情感寄托，也永远是中国共产党人应该坚守的力量源泉。邓小平同志曾经写道："我是中国人民的儿子，我深情地爱着我的祖国和人民。"邓小平同志从对人民的挚爱，延伸到对党、对祖国的挚爱。他说过："我的生命是属于党、属于国家的。"这质朴的语言，集中表达了邓小平同志对党、对祖国、对人民的大爱。

邓小平同志高度重视人民群众的地位和作用，强调群众是我们力量的源泉，群众路线和群众观点是我们的传家宝。在他的一生中，无论身居要职还是身陷困苦，都始终与人民群众同甘共苦，努力为党和国家分忧解难。邓小平同志孜孜以求的是增进人民福祉。他多次讲："贫穷不是社会主义，社会主义要消灭贫穷。不发展生产力，不提高人民的生活水平，不能说是符合社会主义要求的。"他领导改革开放和社会主义现代化建设，心中想着的就是最广大人民。他反复强调，要把人民拥护不拥护、赞成不赞成、高兴不高兴、答应不答应作为制定方针政策和作出决断的出发点和归宿。邓小平同志始终以人民利益为最高准则来开展领导工作。

改革开放的过程是顺应民心、赢得民心的过程。20世纪八九十年代，世界上一些长期执政的大党老党纷纷垮台，东欧剧变、苏联解体，国际共产主义运动遭受重大挫折。对此，江泽民指出："历史和现实都表明，一个政权也好，一个政党也好，其前途命运最终取决于人心向背，不能赢得最广大群众的支持，就必然垮台。"将民心向背视为决定政党、政权兴亡的根本性因素，是对世界政党兴衰、政权更替历史经验的总结。江泽民将"代表最广大人民的根本利益"作为"三个代表"重要思想的内涵之一，彰显了人民利益的重要性，表达了他的人民立场。在庆祝中国共产党成立80周年大会上，江泽民指出，党除了最广大人民的利益，没有自己特殊的利益。党的一切工作，必须以最广大人民的根本利益为最高标准。是不是代表最广大人民的根本利益，成为评价政党是否先进的标准之一。人民利益标准的确立，充分表达了以江泽民同志为主要代表的中国共产党人的人民立场。

在人民立场问题上，胡锦涛指出，群众立场是决定我们党的性质的根本政治问题。我们党之所以得到广大人民群众拥护和支持，首先是因为我们党始终站在最广大人民立场上说话办事，始终代表最广大人民根本利益。始终站在人民立场上而不是站在个人、少数人立场上说话办事，始终代表最广大人民根本利益而不是代表某一个人、某一部分人利益，是决定人心向背、事业成败的关键。站在人民立场，才能切实维护和发展人民的经济、政治、文化权益，才能以符合最广大人民的根本利益作为评价标准。在纪念毛泽东同志诞辰110周年座谈会上，胡锦涛指出，"实现好、维护好、发展好最广大人民根本利益，始终是我们党全部奋斗的最高目的，始终是我

第三章
中国共产党对民为邦本的不懈求索

们党观察和处理问题的根本原则"。科学发展观以人为本的核心，是从人民群众根本利益出发谋发展、促发展，不断满足人民群众日益增长的物质文化需要，让发展成果惠及全体人民。

改革开放和社会主义现代化建设新时期，强化全心全意为人民服务的宗旨意识，是党内集中教育的重要内容。例如，1983年开始的整党，对整顿作风提出明确要求，强调"发扬全心全意为人民服务的革命精神，纠正各种利用职权谋取私利的行为，反对对党对人民不负责任的官僚主义"。1998年在县级以上党政领导班子、领导干部中开展的讲学习、讲政治、讲正气"三讲"教育，其基本要求之一就是"认真实践全心全意为人民服务的宗旨，坚持从群众中来到群众中去的群众路线"。这一时期，为人民服务成为公民道德建设的核心内容。

党的十四届六中全会通过的《中共中央关于加强社会主义精神文明建设若干重要问题的决议》指出，"社会主义道德建设要以为人民服务为核心"，"为人民服务是社会主义道德的集中体现。在发展社会主义市场经济条件下，更要在全体人民中提倡为人民服务和集体主义的精神"。这是党的宗旨在公民道德建设中的延伸和拓展，彰显了党的宗旨的社会意义。2001年颁布的《公民道德建设实施纲要》再次将为人民服务确立为公民道德建设的核心，成为"社会主义道德区别和优越于其他社会形态道德的显著标志"，"它不仅是对共产党员和领导干部的要求，也是对广大群众的要求。每个公民不论社会分工如何、能力大小，都能够在本职岗位，通过不同形式做到为人民服务。在新的形势下，必须继续大张旗鼓地倡导为人民服务的道德观,把为人民服务的思想贯穿于各种具体道德规范之中"。如此,拓展了为人民服务的社会意义,有利于提升全社会的道德水准和精神境界。

二、满足人民的物质生活需要

(一)顺应人民诉求

改革开放初期,人民的物质文化需求无法得到满足,温饱问题没有得到解决。安徽小岗村18户农民之所以按下红手印,实行"包干到户",就是因为"小岗太穷,只想多收点粮食,社员有碗饭吃"。20世纪50至70年代,毗邻香港的宝安等地出现多次大规模的群众"外逃"。当时流行的民谣"宝安只有三件宝,苍蝇、蚊子、沙井蚝;十屋九空人离去,家里只剩老和小",就是当时情况的真实写照。1978年,东莞市长安镇"逃港"人数多达4600多人,当时地方上流传着这样几句话:"青年走光,田地丢荒,干部难当,老人惊慌。"广东地方党组织曾用很大的精力来解决"逃港"问题,结果收效甚微。1978年7月上旬,初到广东的习仲勋到宝安等地调研。他问一名群众:"你为什么要外逃?"群众回答说:"我在家里面苦啊,在香港能挣钱啊,还是那边好,所以我们就到那边去。"就"逃港"问题和深圳河两边的差距,当时广东省委在给中央的报告中坦承"人民生活欠账不少"。"逃港"的现实和香港广东发展差距的拉大,促成了兴办出口加工区的设想。

1979年4月中共中央工作会议期间,邓小平对习仲勋、杨尚昆提出的在邻近香港、澳门的深圳、珠海以及汕头兴办出口加工区的意见表示赞同,明确指出,还是叫特区好,陕甘宁开始就叫特区嘛!中央可以给些政策,你们自己去搞,杀出一条血路来。根据邓小平的提议,中央工作会议正式讨论了广东省的提议,7月15日,中共中央、国务院批转中共广东省委、福建省委关于对外经济活动实行特殊政策和灵活措施的报告,决定在深圳、珠海、汕头、厦门试办特区。1980年8月,党中央、国务院批准将深圳、珠海、汕头、厦门四个出口特区改为经济特区。无论是家庭联产承包责任制的推行,还是经济特区的创办,都蕴含人民力量的作用,体现了人民愿望,顺应了人民的诉求。

人民的智慧是改革开放政策制定的重要依据,人民的实践是改革开放政策实施的主要依托。人民群众具有无限的创造力,积累了丰富的实践智慧,是制定党的方针政策的"原料"来源。1978年12月,邓小平在中央工作会议上指出:"生产关系和上层建筑的改革,不会是一帆风顺的,它涉及的面很广,涉及一大批人的切身利益,一定会出现各种各样的复杂情况和问题,一定会遇到重重障碍。只要我们信任群众,走群众路线,把情况和问题向群众讲明白,任何问题都可以解决,任何障碍都可以排除。"

(二)探索现代化道路

改革开放后,中国共产党人对中国特色社会主义的探索实际上是对现代化道路的探索。1979年3月21日,邓小平在会见时任英中文化协会会长马尔科姆·麦克唐纳时指出:"我们定的目标是在本世纪末实现四个现代化。我们的概念与西方不同,我姑且用个新说法,叫作中国式的四个现代化。"3月23日,邓小平在中共中央政治局会议上正式提出"中国式的现代化"的概念。他说:"我同外国人谈话,用了一个新名词!中国式的现代化。到本世纪末,我们大概只能达到发达国家七十年代的水平,人均收入不可能很高。"这里所说的中国式的现代化,主要是指现代化国家的发达程度和发展水平,是就发展目标来说的。

邓小平在谋划中国的发展步骤时,提出"小康"的概念。1979年12月,邓小平在会见日本首相大平正芳时,提出到20世纪末中国达到"小康水平"的目标,用以回答大平正芳对中国现代化构想的疑问。邓小平强调:"我们要实现的四个现代化,是中国式的四个现代化。我们的四个现代化的概念,不是像你们那样的现代化的概念,而是'小康之家'。"在判断"小康水平"时,邓小平提出了数量上的标准,即"到本世纪末争取国民生产总值每人平均达到一千美元,算个小康水平"。这里提到的"国民生产总值每人平均达到一千美元"是中国式的现代化的初期目标,也是这一时期邓小平评价小康社会的主要标准。在"小康"概念提出初期,邓小平更多是从经济发展层面界定的,目的是衡量国家的经济实力,着眼于解决人民的温饱问题。

随着改革开放的深入,"小康"单纯作为一个经济概念已经不能满足国家发展的需要。1984年3月25日,邓小平在人民大会堂会见来访的日本首相中曾根康弘。在这次谈话中,邓小平首次提出"小康社会"的概念。他指出:"翻两番,国民生产总值人均达到八百美元,就是到本世纪末在中国建立一个小康社会。这个小康社会,叫作中国式的现代化。翻两番,小康社会,中国式的现代化,这些都是我们的新概念。""翻两番"是"小康社会"在经济上的发展目标,"小康社会"是"翻两番"实现后人民生活改善的结果,"中国式的现代化"是"翻两番"和"小康社会"的最终目的,三者既高度统一又互为依托、相互补充。

根据改革开放初期规划,中国经济发展需要经历两个阶段:第一步,到20世纪末,人民生活达到小康水平;第二步,再花30年到50年时间,接近发达国家的水平。在实际发展中,由于原定目标提前实现,两个阶段已经不能满足经济社会发展需要,必须对第一个阶段重新划分,拆解为两个步骤。邓小平指出:"我国经济发展分三步走,本世纪走两步,达到温饱和小康,下个世纪用三十年到五十年时间再走一步,达到中等发达国家的水平。"随后,党的十三大在充分肯定邓小平分三步基本实现现代化战略构想的基础上,正式提出了"三步走"战略。"三步走"战略的出发点,就是在经济发展的基础上,解决人民的温饱问题,之后使人民生活达到小康水平,进而达到中等发达国家的水平。在推动改革开放的过程中,邓小平将"是否有利于提高人民的生活水平"作为"三个有利于"标准之一,凸显了发展的目的。

04 第四章

新时代新征程继续践行民为邦本

第四章
新时代新征程继续践行民为邦本

中国共产党从诞生之日起,就把马克思主义作为自己的指导思想和行动指南,把为中国人民谋幸福、为中华民族谋复兴作为自己的初心和使命。中国共产党积极汲取中华优秀传统文化中民本思想的精华,实现其创造性转化和创新性发展。中国共产党对传统民本思想的创造性阐释和践行,主要集中在三个方面:一是高度重视人民群众的历史作用,高度重视民众在国家中的地位,继承传统民本思想强调的保民、重民和亲民思想,树立人民至上的理念,树立民众利益高于一切的政治理念,牢固确立"为人民服务"的根本宗旨,实现了从传统"重民"思想向"坚持人民至上"思想的转变;二是高度重视解放和发展生产力,坚持以经济建设为中心,使人民群众对美好生活的需要不断得到满足,实现从传统"富民""养民"向增进人民福祉的转变;三是纠正传统民本思想体现的英雄史观,树立人民群众是历史的创造者的观点,坚持群众观点和群众路线,高度重视人民群众的主体地位,将传统"为民作主"思想转化为"人民当家作主"的政治实践。从而实现了传统民本思想向近代民主思想的创造性转化。

传承和弘扬民为邦本思想,要在马克思主义指导下,做好创造性转化和创新性发展,与我党追求的价值目标相融相通。

第一节　坚持人民至上：把人民放在心中最高位置

中国特色社会主义进入新时代，以习近平同志为主要代表的中国共产党人，坚持马克思主义人民观和党的群众路线，提出坚持人民至上，把人民放在心中最高位置。

一、以人民为中心

（一）时代背景与提出过程

党的十八大以来，以习近平同志为核心的党中央面对新的时代条件和新的实践，坚持党的执政为民理念，一切工作以最广大人民的根本利益为检验标准。党的十八大报告把"必须坚持人民主体地位"列在基本要求首位，同时提出"维护社会公平正义""坚持走共同富裕道路"，强调更好保障人民权益，更好保证人民当家作主，保证人民平等参与、平等发展权利，确保人民安居乐业。

2012年12月，习近平总书记在河北省阜平县考察扶贫开发工作时强调："我们讲宗旨，讲了很多话，但说到底还是为人民服务这句话。我们党就是为人民服务的。中央的考虑，是要为人民做事。各级干部也不能眼睛总是向上。任何事情都要向上看看，向下看看。要经常问问自己，我们是不是在忙着与党

第四章
新时代新征程继续践行民为邦本

的根本宗旨毫不相关的事情？有没有一心一意在为老百姓做事情？是不是在围绕党和国家中心任务而工作？古时候讲，食君之禄，忠君之事。现在就是要服务人民。多想想我们干的事情是不是党和人民需要我们干的？要一心一意为老百姓做事，心里装着困难群众，多做雪中送炭的工作，常去贫困地区走一走，常到贫困户家里坐一坐，常同困难群众聊一聊，多了解困难群众的期盼，多解决困难群众的问题，满怀热情为困难群众办事。各级干部要把工作重心下移，深入实际，深入基层，深入群众，认真研究扶贫开发面临的实际问题，创造性开展工作。"

2013年3月17日，习近平总书记在十二届全国人大一次会议上指出："我们要随时随刻倾听人民呼声、回应人民期待，保证人民平等参与、平等发展权利，维护社会公平正义，在学有所教、老有所得、病有所医、老有所养、住有所居上持续取得新进展，不断实现好、维护好、发展好最广大人民根本利益，使发展成果更多更公平惠及全体人民，在经济社会不断发展的基础上，朝着共同富裕方向稳步前进。"

2014年2月7日，习近平主席在俄罗斯索契接受全俄国家电视广播公司专访时郑重承诺："作为国家领导人，人民把我放在这样的工作岗位上，我就要始终把人民放在心中最高的位置，牢记责任重于泰山，时刻把人民群众的安危冷暖放在心上，兢兢业业，夙夜在公，始终与人民心心相印、与人民同甘共苦、与人民团结奋斗。"

新的发展实践催生新的发展理论。"十三五"时期，我们进入全面建成小康社会决胜阶段。党中央深刻分析我国发展面临的新情况新问题，认为这一时期仍是发展的重要战略机遇期，但诸多矛盾叠加，风险隐患增多，形势复杂严峻，发展任务繁重艰巨。要适应经济发展新常态，保持经济社会持续健康发展，必须树立和坚持正确的发展理念。"以人民为中心的发展思想"就是在确立新发展理念的过程中提出来的。

2015年7月20日，习近平总书记在十八届中央政治局会议上强调，发展理念是发展行动的先导，是发展思路、发展方向、发展着力点的集中体现，要把发展理念梳理好、讲清楚，为"十三五"时期我国经济社会发展指好道、领好航。会议同时提出，树立新发展理念，首先要解决为什么人、由谁享有这个根本问题。实现好、维护好、发展好最广大人民根本利益是发展的根本目的，必须把增进人民福祉、促进人的全面发展作为发展的出发点和落脚点。8月21日，党中央召开党外人士座谈会，就制定"十三五"规划的建议征求意见和建议。习近平总书记在会上指出，我们追求的发展是造福人民的发展，我们追求的富裕是全体人民共同富裕。改革发展搞得成功不成功，最终的判断标准是人民是不是共同享受到了改革发展成果。

2015年10月26日至29日，党的十八届五中全会召开，审议通过了《中共中央关于制定国民经济和社会发展第十三个五年规划的建议》。《建议》提出，必须牢固树立并切实贯彻创新、协调、绿色、开放、共享的新发展理念。《建议》强调，如期实现全面建成小康社会奋斗目标，推动经济社会持续健康发展，必须遵循以下原则：坚持人

第四章
新时代新征程继续践行民为邦本

民主体地位,坚持科学发展,坚持深化改革,坚持依法治国,坚持统筹国内国际两个大局,坚持党的领导。这里把"坚持人民主体地位"作为第一条原则,规定:"必须坚持以人民为中心的发展思想,把增进人民福祉、促进人的全面发展作为发展的出发点和落脚点。"

在党的十八届五中全会第二次全体会议上,习近平总书记从实践的角度指出新发展理念必须始终坚持以人民为中心:"我们有1800万左右的城镇低保人口,对他们而言,要通过完善各项保障制度来保障基本生活;对1.3亿多65岁以上的老年人,要增加养老服务供给、增强医疗服务的便利性;对2亿多在城镇务工的农民工,要让他们逐步公平享受当地基本公共服务;对上千万在特大城市就业的大学毕业生等其他常住人口,要让他们有适宜的居住条件;对900多万城镇登记失业人员,要让他们有一门专业技能,实现稳定就业和稳定收入;等等。总之,我们要坚持以人民为中心的发展思想,针对特定人群面临的特定困难,想方设法帮助他们解决实际问题。"

11月23日,习近平总书记在十八届中央政治局第二十八次集体学习上从理论的高度进一步阐述以人民为中心:"坚持以人民为中心的发展思想。发展为了人民,这是马克思主义政治经济学的根本立场。马克思、恩格斯指出:'无产阶级的运动是绝大多数人的、为绝大多数人谋利益的独立的运动',在未来社会'生产将以所有的人富裕为目的'。邓小平同志指出,社会主义的本质,是解放生产力,发展生产力,消灭剥削,消除两极分化,最终达到共同富裕。党的十八届五中全会鲜明提出要坚持以人民为中心的发展思想,把增进人民福祉、促进人的全面发展、朝着共同富裕方向稳步前进作为经济发展的出发点和落脚点。这一点，我们任何时候都不能忘记，部署经济工作、制定经济政策、推动经济发展都要牢牢坚持这个根本立场。"

这样，在确立新发展理念的过程中，"以人民为中心的发展思想"被作为发展的首要原则和根本立场明确提了出来，成为贯穿新发展理念的一条红线。也就是说，无论是创新发展、协调发展、绿色发展、开放发展，还是共享发展，人民群众在其中都是主体，是直接参与者，也是最终受益者和评判者。这就进一步明确了发展的根本问题——为谁发展，靠谁发展和发展成果由谁享有的问题。

（二）科学内涵

2016年1月18日，习近平总书记在省部级主要领导干部学习贯彻党的十八届五中全会精神专题研讨班上指出，以人民为中心的发展思想，不是一个抽象的、玄奥的概念，不能只停留在口头上、止步于思想环节，而要体现在经济社会发展各个环节。以人民为中心的发展思想如此，民为邦本思想在新时代的践行亦是如此。他进一步指出，要坚持人民主体地位，顺应人民群众对美好生活的向往，不断实现好、维护好、发展好最广大人民根本利益，做到发展为了人民、发展依靠人民、发展成果由人民共享。

1. 发展为了人民

发展的根本目的是增进民生福祉，提高人民的生活水平，实现共同富裕。以人民为中心，首先要求对人民负责、让人民获益。要

第四章
新时代新征程继续践行民为邦本

做到发展为了人民，必须把是否给人民带来利益作为发展成效的检验标准、必须让人民在各方面拥有获得感。

把是否给人民带来利益作为发展成效的检验标准。习近平总书记提出，在发展的过程中，一切出发点都是要合乎最广大人民群众的利益，为最广大人民群众所拥护。检验我们一切工作的成效，最终都要看人民是否真正得到了实惠，人民生活是否真正得到了改善，人民权益是否真正得到了保障。这就要求我们把最广大人民的根本利益作为谋划发展的基本准则，出规划、作决策都要首先考虑是否符合人民群众的利益，一切理论和路线方针政策，一切工作部署和工作安排，都应该来自人民，都应该为人民利益而制定和实施。

2016年12月21日，习近平总书记在中央财经领导小组第十四次会议上强调，从解决好人民群众普遍关心的突出问题出发，推进全面小康社会建设，他指出："人民群众关心的问题是什么？是食品安不安全、暖气热不热、雾霾能不能少一点、河湖能不能清一点、垃圾焚烧能不能不有损健康、养老服务顺不顺心、能不能租得起或买得起住房，等等。相对于增长速度高一点还是低一点，这些问题更受人民群众关注。如果只实现了增长目标，而解决好人民群众普遍关心的突出问题没有进展，即使到时候我们宣布全面建成了小康社会，人民群众也不会认同。"

让人民在各方面拥有获得感。习近平总书记认为，人民对幸福的期盼是多方面的，对物质和精神生活的需求和获得感是具体的、多样的，"期盼有更好的教育、更稳定的工作、更满意的收入、更可靠的社会保障、更高水平的医疗卫生服务、更舒适的居住条件、更优美的环境,期盼孩子们能成长得更好、工作得更好、生活得更好"。

在民生问题上,即便是人民物质生活和精神生活的一些看似具体平常的方面,比如住房、人身安全、健康、环境,等等,都应放在发展全局的重要位置,给予高度重视和关注,把发展为了人民落到实处。习近平主席在二〇一七年新年贺词中指出:"新年之际,我最牵挂的还是困难群众,他们吃得怎么样、住得怎么样,能不能过好新年、过好春节。我也了解,部分群众在就业、子女教育、就医、住房等方面还面临一些困难,不断解决好这些问题是党和政府义不容辞的责任。全党全社会要继续关心和帮助贫困人口和有困难的群众,让改革发展成果惠及更多群众,让人民生活更加幸福美满。"习近平主席对具体民生的关切,持续到今天。在二〇二四年新年贺词中,习近平主席表示:"前行路上,有风有雨是常态。一些企业面临经营压力,一些群众就业、生活遇到困难,一些地方发生洪涝、台风、地震等自然灾害,这些我都牵挂在心。"2024 年 1 月,习近平总书记在省部级主要领导干部推动金融高质量发展专题研讨班开班式上强调,金融工作的发展要"坚持以人民为中心的价值取向";2024 年 2 月,习近平总书记赴天津看望慰问基层干部群众时强调,抗震救灾的伟大胜利源于"各级党委和政府坚持以人民为中心,广大干部群众众志成城、团结奋斗"。他反复强调:"坚持人民至上,着力保障和改善民生,持续巩固拓展脱贫攻坚成果,用心用情解决人民群众急难愁盼问题""始终把人民放在心中最高位置,树立和践行正确政绩观,走好新时代党的群众路线,提高做群众工作

第四章
新时代新征程继续践行民为邦本

的本领,用心用情用力解决群众急难愁盼问题,不断增强人民群众的获得感、幸福感、安全感""要坚持以人民为中心的发展思想,在发展中稳步提升民生保障水平"。

2.发展依靠人民

坚持发展依靠人民,前提是明晰人民是历史的创造者,坚持人民主体地位,充分调动人民积极性,这始终是我们党在革命、建设和改革中立于不败之地的强大根基。

纵观中国共产党成立100多年,我们在理论和实践上的突破和发展,无不源自最广泛地调动人民群众的积极性,从人民的实践创造中汲取智慧和力量。

第一,发挥人民的首创精神。早在中国共产党成立不久,毛泽东就阐述了工人阶级是社会的主人。

> 1921年冬,毛泽东到安源煤矿工人夜校上课,在讲到"工人"的"工"字时生动地对大家说:"'工'字上边一横代表天,下边一横代表地,中间一竖代表我们工人,我们工人可以顶天立地!"后来,毛泽东同志又到长沙给人力车夫讲课,当他讲到"工人"二字时,换了一种解释。他先在黑板上写了"工人"二字,然后说:"我把'工'字放在'人'字上面,大家看看变成什么字了?"车夫们异口同声地说:"天。"毛泽东同志接着说:"对,'天',可见,我们工人的力量如果联合起来,是可以顶天的呀!"

读懂民为邦本

毛泽东非常注重中国工人阶级的力量,作出了特别形象的说明,让工人有了创造世界的主人翁意识。1945年4月,毛泽东同志对唯物主义作了透彻的论述:"人民,只有人民,才是创造世界历史的动力。"这是因为,人民群众不但创造了物质财富,而且创造了精神财富,人民群众创造了整个世界。

邓小平在推进改革开放过程中,鼓励人民群众结合实际情况的创新,不论是家庭联产承包责任制,还是在邻近香港、澳门的深圳、珠海以及汕头兴办出口加工区等,他都予以支持,在他看来:"黄猫、黑猫,只要捉住老鼠就是好猫。"而抓到老鼠的目的是让人民过上更好的生活。

新时代,继续践行民为邦本,就要尊重人民的主体地位,发挥人民群众首创精神。习近平总书记指出,必须充分尊重人民所表达的意愿、所创造的经验、所拥有的权利、所发挥的作用。

第二,要从人民群众中汲取智慧和力量。习近平总书记指出:"中国有14亿多人口,亿万人民的力量和智慧加在一起,谁能比得过?"当我们遇到很多百思不得其解的问题时,"走到人民群众中去,很多百思不得其解的问题就能豁然开朗、找到答案"。他进一步强调,党员、干部要站稳人民立场,深深植根人民,拜人民为师,向能者求教,向智者问策,"只要我们紧密联系人民群众、经常深入人民群众、紧紧依靠人民群众,真心拜人民为师,诚心向人民学习,虚心向人民求教,就能够得到源源不断的实践力量和理论智慧"[1]。

民为邦本思想的践行,亦需要问政于民、问需于民、问计于民,

---

[1] 习近平:《开辟马克思主义中国化时代化新境界》,《求是》2023年第20期。

广泛听取群众意见,从人民群众的实践中总结经验,动员和依靠全体人民,积极支持和参与,共同担负起推动发展的责任。

3. 发展成果由人民共享

2016年1月18日,习近平总书记在省部级主要领导干部学习贯彻党的十八届五中全会精神专题研讨班上指出:"共享理念实质就是坚持以人民为中心的发展思想,体现的是逐步实现共同富裕的要求。共同富裕,是马克思主义的一个基本目标,也是自古以来我国人民的一个基本理想。孔子说:'不患寡而患不均,不患贫而患不安。'孟子说:'老吾老以及人之老,幼吾幼以及人之幼。'《礼记·礼运》具体而生动地描绘了'小康'社会和'大同'社会的状态。按照马克思、恩格斯的构想,共产主义社会将彻底消除阶级之间、城乡之间、脑力劳动和体力劳动之间的对立和差别,实行各尽所能、按需分配,真正实现社会共享、实现每个人自由而全面的发展。"

习近平总书记进一步阐述了共享的具体内涵,为真正实现发展成果由人民共享指明了方向:"一是共享是全民共享。这是就共享的覆盖面而言的。共享发展是人人享有、各得其所,不是少数人共享、一部分人共享。二是共享是全面共享。这是就共享的内容而言的。共享发展就要共享国家经济、政治、文化、社会、生态文明各方面建设成果,全面保障人民在各方面的合法权益。三是共享是共建共享。这是就共享的实现途径而言的。共建才能共享,共建的过程也是共享的过程。要充分发扬民主,广泛汇聚民智,最大激发民力,形成人人参与、人人尽力、人人都有成就感的生动局面。四是共享是渐进共享。这是就共享发展的推进进程而言的。一口吃不成胖子，共享发展必将有一个从低级到高级、从不均衡到均衡的过程，即使达到很高的水平也会有差别。"共享的实现要立足国情、立足经济社会发展水平来思考设计共享政策，既不裹足不前、铢施两较、该花的钱也不花，也不好高骛远、寅吃卯粮、口惠而实不至。这四个方面是相互贯通的，要整体理解和把握。

新时代践行民为邦本思想需着重把握共享的四个层面的内涵：要不断满足人民群众对于美好生活的需要，让全体人民共享发展成果，一个都不能少；要提高共享的协调性，让人民群众共享各个领域的建设成果，不断推进公共基础设施均等化；要调动全体人民共建共享，让人民群众参与发展的过程中，出一份力；要因地制宜、循序渐进，不可操之过急。

二、民心是最大的政治

"最大的政治"是中国共产党在百余年奋斗过程中形成的具有鲜明中国特色的话语表达方式，是通过凝练式话语统一思想、建构共识、凝聚力量的重要举措。这一论断从话语表达层面体现了党和国家工作重心的转移。

1978年9月16日，邓小平在题为《高举毛泽东思想旗帜，坚持实事求是的原则》的谈话中指出："正确的政治领导的成果，归根结底要表现在社会生产力的发展上，人民物质文化生活的改善上……

第四章
新时代新征程继续践行民为邦本

这是最大的政治,这是社会主义和资本主义谁战胜谁的问题。"

党对社会主义本质尤其是中国特色社会主义本质的认识逐步深化,对党情、国情、世情变化作出准确判断。2014年12月,习近平总书记提出,问题是时代的声音,人心是最大的政治。这是对当时面临问题的回应,也是对社会主义建设规律的映射。2015年5月,习近平总书记在中央统战工作会议上再次指出:人心向背、力量对比是决定党和人民事业成败的关键,是最大的政治。这一论断强调了人心向背是关系全局、关涉根本、关乎命运的关键问题,阐释了将其作为"最大的政治"的必然性和重要性。2016年1月,习近平总书记在第十八届中央纪律检查委员会第六次全体会议上强调,民心是最大的政治,正义是最强的力量。这一论断不仅对党的纪律建设具有指导意义,而且揭示出"政治"的本质,对党的建设的总体布局等方面都具有重要的指导作用。2018年6月,习近平总书记在中共十九届中央政治局第六次集体学习时强调:"加强党的政治建设,要紧扣民心这个最大的政治,把赢得民心民意、汇集民智民力作为重要着力点"。2021年11月11日,党的十九届六中全会通过的《中共中央关于党的百年奋斗重大成就和历史经验的决议》全面总结了中国共产党领导人民百年奋斗所积累的十个历史经验,提出坚持人民至上,强调人民是党执政兴国的最大底气。民心是最大的政治,正义是最强的力量。

"民心是最大的政治"这一论断体现了党的人民立场,坚持了人民主体地位,秉承了"以人民为中心"的思想。这一论断的提出,有其时代背景和特定环境。

社会主要矛盾转化是历史呈现阶段性特征的直接原因，推动党和国家主要任务或工作重心作出相应的调整，反映了生产力与生产关系互动关系的变迁。因此，社会主要矛盾转化也是"最大的政治"论断演进的根本动因。新中国成立以来，党对社会主要矛盾的判断经历了四次主要变化，分别是党的八大、八大二次会议、十一届六中全会和十九大。通过比较分析就可以发现，准确把握社会主要矛盾变化并制定符合实际和规律的发展战略就能够取得显著成就，反之，偏离了对社会主要矛盾的正确认知和判断就容易造成挫折、失误。

在党的十一届六中全会上，我们党指出，"我国社会的主要矛盾是人民日益增长的物质文化需要同落后的社会生产之间的矛盾"，因此，党关于"最大的政治"的论断，皆围绕生产力、现代化和社会主义建设等方面展开。当前我国已经进入改革深水区和攻坚期，各种问题矛盾错综复杂。在继续推进全面深化改革的进程中，应该更加注重将改革的力度、发展的速度同人民群众的可承受度结合起来，我国社会主要矛盾转化为人民日益增长的美好生活需要和不平衡不充分的发展之间的矛盾，人民的物质文化生活水平和需求层次都在不断提高，利益诉求更加多样。因此，党的十八大以来更加重视民心问题，致力于解决当前发展中的不平衡不充分问题，不断提升人民的获得感、幸福感、安全感，体现了对"最大的政治"的科学把握。

党在领导革命、建设和改革的过程中形成了一系列具有中国特色的话语体系。深入分析其话语体系主要包括三种来源，即革命文化、社会主义先进文化和中华优秀传统文化。三种文化相互融合，或以古语新解的形式呈现,或以时代化话语表达,都体现了鲜明的中国特色、中国气派、中国风格。

"民心是最大的政治"论断,不仅蕴含着深刻的历史逻辑和科学的思维方式,而且是一种具有民族特色与时代特色相结合的话语表达,体现了革命文化、社会主义先进文化和中华优秀传统文化的深度融合。一是就革命文化而言,新民主主义革命时期,我们党在阶级分析的基础上,明确了最主要的敌人和最可靠的盟友。在该时期,毛泽东就明确指出,"我们共产党人区别于其他任何政党的又一个显著的标志,就是和最广大的人民群众取得最密切的联系""全心全意地为人民服务",为"最大的政治"论断的形成提供了历史基础。"民心是最大的政治"便是党在新时代对革命时期文化和群众路线的继承与创造性发展。二是就社会主义先进文化而言,随着改革开放深入发展,话语表达不断多元化,为"最大的政治"论断内涵的丰富和发展提供了现实基础。三是就中华优秀传统文化而言,新时代提出"民心是最大的政治"的论断,不仅是对中华优秀传统文化的继承,而且对其进行了创造性转化和创新性发展。如中华优秀传统文化中的"民惟邦本,本固邦宁""意莫高于爱民,行莫厚于乐民"等民本思想,对"民心是最大的政治"等论断具有重要启示意义,为文化认同和理论创新提供了文化基础。

三、人民利益高于一切

人民的利益高于一切,绝不是一句空洞、抽象的口号。全心全意为人民服务，为人民谋利益，才能使人民的利益高于一切真正落到实处。

党的十八大报告强调："为人民服务是党的根本宗旨，以人为本、执政为民是检验党一切执政活动的最高标准。任何时候都要把人民利益放在第一位，始终与人民心连心、同呼吸、共命运，始终依靠人民推动历史前进。"这一重要论述，深刻揭示了中国共产党一切执政活动的根本目的、依靠力量和评价标准。今天，我们党治国理政的任务更加艰巨，所要解决的问题也更多、更复杂。我们党只有坚持人民利益高于一切，才能用人民赋予的执政权力，无愧于历史赋予的执政地位，才能不断提高我们的执政水平，巩固我们的执政基础。

自党的十八大以来，以习近平同志为核心的党中央，无论是在执政理念的表达和践行，还是在贯彻落实党的群众路线，以及全面深化改革中，都始终围绕人民利益高于一切的根本要求，践行着立党为公、执政为民。习近平总书记2020年12月16日在中央经济工作会议上指出，人民至上是作出正确抉择的根本前提。应对历史罕见的大危机，立场决定方向，也决定行动优先序。我们党始终代表最广大人民根本利益，坚持立党为公、执政为民。实践再次证明，只要心里始终装着人民，始终把人民利益放在最高位置，我们就一定能够作出正确决策，并依靠人民战胜一切艰难险阻。2023年7月，习近平总书记在江苏考察时强调，党员干部要树牢造福人民的政绩观，要"坚持以人民为中心的发展思想，坚持高质量发展，不搞贪大求洋、盲目蛮干、哗众取宠；坚持出实招求实效，不搞华而不实、投机取巧、数据造假；坚持打基础利长远，不搞急功近利、竭泽而渔、劳民伤财"。2024年，习近平总书记进一步强调规范党员干部行为，在春季学期中央党校（国家行政学院）中青年干部培训班开班时指出，要自觉做矢志为民造福的无私奉献者，始终把人民放在心中最高位置，树立和践行正确政绩观，走好新时代党的群众路线，提高做群众工作的本领，用心用情用力解决群众急难愁盼问题，不断增强人民群众的获得感、幸福感、安全感。

第二节　增进人民福祉：扎实推动全体人民共同富裕

一、夯实共同富裕的物质技术基础

构建美好生活以生存需求为最基本的前提，即生存需求是美好生活需要的不可或缺的一部分。生存需求指的是人类对生存资料的需求，是最低层次的要求，包括衣食住行在内的人类生存紧密关联的刚性需求，马克思认为"我们首先应当确定一切人类生存的第一个前提，也就是一切历史的第一个前提。这个前提是：人们为了能够'创造历史'，必须能够生活。但是为了生活，首先就需要吃喝住穿以及其他一些东西。因此第一个历史活动就是生产满足这些需要的资料，即生产物质生活本身，而且，这是人们从几千年前直到今天单是为了维持生活就必须每日每时从事的历史活动,是一切历史的基本条件"。如果连最低限度的生存需求都无法满足,那么其他更高层次的需求更无从谈起。人们生存需求的迫切呼唤就形成一种内生动力,进而对承担供给功能的生产力起到推动作用。

(一)尊重劳动

世界不会满足人,人决心以自己的行动来改变世界。新时代美好生活实现的核心途径是劳动。中国人民的生活一天比一天好,不是他者赋予的,而是广大人民在中国共产党的领导下通过辛勤劳动自我赋予的。共产主义的"最美生活"也是通过劳动并且当劳动"成了生活的第一需要"时才能实现。

中国人民美好生活的形成历程就是一部中国人民的劳动奋斗史。革命战争年代,人民在炮火的缝隙中抓紧生产,为战争提供生产供应,最终实现了翻身做主人的新生活。社会主义建设初期,党带领人民依靠自己的力量迅速建设起国家工业化体系,为美好生活提供经济支撑。改革开放的洪流中,"家庭联产承包责任制""乡镇企业"是人民勇于创新奋斗的结果,"苏南模式""温州模式""珠江模式"是各地方人民群众发挥主体创造性的呈现。在人民群众的辛勤劳动中,人民生活逐步达到了总体小康富裕的阶段。

实践证明,中国所拥有的一切无不凝结和渗透着亿万人民的辛勤劳动。中国特色社会主义事业是亿万人民创造自己幸福生活的事业。进入新时代,中国人民要实现更加美好的生活还要继续付出艰苦努力,建成社会主义现代化强国,根本上靠劳动、靠劳动者

第四章
新时代新征程继续践行民为邦本

创造。

（二）优化生产力布局

新发展理念是新时代面对新发展阶段进一步破解经济社会发展不平衡、不充分问题的战略指南，将长期贯穿于未来经济社会发展的各领域和全过程。在一定意义上说，是否拥有先进、科学的发展理念决定着一个国家能否快速、合理地持续推进本国的经济发展。因此，党和政府进行新时代新阶段的生产力布局必须牢牢准确把握新发展理念，并以其为具体指导。

将"五位一体"总体布局贯穿于生产力布局中，全面满足人民对美好生活的新需求。新时代人民对美好生活向往的宽度日益拓展，既有物质、精神层面的，也增加了很多社会性、政治性的需求。人们的生活结构向着日趋合理化、平衡化发展，对此，国家社会发展需要在经济、政治、文化、社会、生态文明等方面提供全方位的支持。人的全面发展依托于社会的全面进步。社会生产全面持续、社会结构合理有序、社会生态环境和社会保障体系健全成熟，生产出的产品才能有效满足人民需要，建立的生产关系也更加合理健康，进而才能高质量地推动人的全面发展。为此，在进行生产力布局时，在新发展理念指导下充分考虑经济、政治、文化、社会、生态文明"五位一体"的全面发展。

以区域优势为抓手，布局相互补充、相互支撑的区域空间格局。我国国土辽阔，区域样态因自然地理面貌与历史发展而呈现出不同的特点。市场经济作为资源配置的指挥棒，指挥和调整着各区域经济的产业选择,但容易产生不顾自身特点扎堆热门经济,区域产业逐渐趋于同构的现象。党和政府必须在宏观上依靠行政力量进行调控和布局,也就是要处理好政府与市场二者的关系,既要发挥市场在生产力布局中的决定性作用,又要使市场布局彰显社会主义性质。一方面,政府要谨慎布局对经济结构有重大影响的项目,根据产业的特点与地理资源进行布局,确保经济结构的突出优势能够最大限度地得以发挥。另一方面,政府要鼓励各区域以自身特点为抓手,不盲目跟从市场热点,分析和挖掘本地区自身优势,避免产业同构。通过顶层设计与基层市场调研,形成产业不同、比较优势明显、结构合理的总体生产力布局,做好重点区域、特点区域的产业衔接和整合。同时,特别关注"老、少、边、穷"地区的经济、生态等要素规划,保障革命老区、民族地区以及贫困地区人民生活最大限度地得到本地资源的支撑。

(三)深化供给侧结构性改革

注重需求侧的变化和改革,以需求牵引供给。新时代需求侧发生了很多新的变化,但新的变化并非都是合理的。部分变化是伴随着经济的提升,内容由单一走向多样,需求的结构整体从生存型跃升为发展型。这些变化都是积极的、合理的,也是需求侧变化的主流部分,它牵引供给侧结构性改革的指标和方向。部分变化是在我国以往经济发展模式长期发展积累下形成的,如需求外溢、消费过分依赖国际市场等问题,这是需要及时调整、及时改革的。另外,新时代需求侧还有很多高端需求尚未被激发,需求结构在空间内存

第四章
新时代新征程继续践行民为邦本

在不平衡。因此,要紧紧抓住国内这个大市场进行需求侧的改革,但在具体措施上,由依靠宽松的货币政策和财政政策来刺激需求,转为重在优化调整需求结构,具体把握居民消费需求、企业投资需求和出口端。

以供给侧结构性改革为主线,保证高质量的需求供给。扭住供给侧结构性改革这条主线,以高质量、结构均衡的供给体系创造和保障需求的转换和升级是提升新时代人民美好生活的关键路径。供给侧结构性改革着力于生产端与要素端的改革。在要素端,进一步整合土地、劳动力、技术、资本等要素的合理配置,最大限度激发各要素活力,推动经济发展方式由要素驱动向效率驱动、创新驱动转变;通过"三去一降一补",对整个产业结构进行深入的内部调整,淘汰过剩产业,培育和发展高技术、高服务产业群,打破各类要素之间流动的壁垒。在生产端,提供高质量的供给制度与供给服务。具体而言,第一,构建满足人民对美好生活新期待必备的制度体系,不断完善制度供给,为人民的美好生活需求提供安全有序的制度保障。第二,优化产业结构,培育高科技产业,发展节能环保、新型能源等新兴产业,促进产能过剩有效化解,增加高质量供给,减少无效与低效产能供给,促进经济由高速增长向高质量发展。第三,增加覆盖广、水平高的社会公共服务体系,增加公共产品的供给和投放,尤其是为农村以及偏远地区提供社会基本公共服务。

打通堵点,补齐短板是不断满足人民日益增长的美好生活需要的关键。何为堵点和短板?就我国的发展情况来看,一是关键领域中的关键技术创新不足。新时代高品质生活需要高科技支撑,推动高质量发展需要建立促进产学研有效衔接、跨区域通力合作的体制机制。在提升原始创新能力和水平方面，需要从国家层面推动科技创新中心和综合性国家实验室建设，以实现关键领域的技术突破。在政策方面，要向关键领域倾斜，支持和保护企业的技术创新。二是长期经济发展过程中积累的制约生产要素市场化配置和商品服务自由流通的体制机制障碍。就中国经济社会发展而言，必须进一步保障和优化国内大循环的良好市场环境，突破妨碍生产要素市场化配置的体制机制障碍。在打通制约发展的具体"堵点"，缓解运行不畅的社会"痛点"方面，破解机制的顺畅问题。

二、满足人民的精神文化需求

文化是一个国家、一个民族的灵魂。人民精神文化生活更加丰富，中华民族凝聚力和中华文化影响力不断增强是我国发展的主要目标任务之一。在全面建设社会主义现代化国家、全面推进中华民族伟大复兴的新征程上，必须立足以理论武装铸魂育人、以价值引领立德树人、以文艺创作用情感人、以舆论引导成风化人，在实践中真正满足人民的精神文化需求。

（一）坚持理论武装铸魂育人

促进满足人民文化需求与增强人民精神力量相统一，必须坚持以理论武装铸魂育人，用马克思主义中国化时代化最新成果的理论魅力和真理力量，引领人民的精神追求和行动方向。教育过程实质

第四章
新时代新征程继续践行民为邦本

就是文化化人的过程，是将人类已经发展起来的先进文化成果转化为个体内在本质力量、促进人的精神生活全面发展的过程，是引导个体能够驾驭外部世界对个体才能的实际发展所起推动作用的过程。

坚持深刻领悟习近平新时代中国特色社会主义思想，在铸牢思想之魂中满足人民文化需求、增强人民精神力量。要用马克思主义中国化时代化最新理论成果武装人们头脑、启迪人们思维，为增强人民精神力量提供思想引领。满足人民文化需求和增强人民精神力量相统一，是具体的和历史的，而不是抽象的和超历史的。用经典涵养正气、淬炼思想、升华境界、指导实践，在阅读经典中丰盈精神世界，汲取精神力量。

充分发挥公共文化资源的育人功能和优势，推进人民群众在享受丰富文化生活中汲取向上向善的力量。要加强文化馆、博物馆、图书馆、美术馆、科技馆、纪念馆以及地方特色文史馆等公共文化服务设施建设，推进全国各地爱国主义教育基地、红色教育基地建设，不断完善和提升向社会免费开放的场馆服务水平，充分挖掘和运用公共文化服务设施的教育资源，推进展教结合、文化普及与文化育人融通，促使人民群众在共享公共文化资源中充实精神家园，增强精神力量。

坚持理论武装的长期性、反复性，在不断巩固教育成效中促进满足人民文化需求与增强人民精神力量的持续统一。理论武装和思想教育，并不能一次性或短期内取得立竿见影的成效，而是一个长期的、持续的、不断巩固的过程，必须坚持不懈用习近平新时代中国特色社会主义思想与中国特色社会主义文化引导人民，在不断满足人民群众精神文化需求中持续增强人民的精神力量。

（二）坚持价值引领立德树人

坚持用习近平新时代中国特色社会主义思想引领立德树人的前进方向。既要以强化理想信念教育为关键抓手，坚持以中国特色社会主义共同理想和共产主义远大理想引领人民坚守社会主义道德，以富强、民主、文明、和谐、美丽的价值追求引领人民坚定走中国式现代化道路的自信和建设社会主义现代化强国的执着信念；也要在不断强化"四史"教育中推动理想信念教育常态化、制度化，在深化爱国主义、集体主义、社会主义教育中把社会主义核心价值观教育融入国民教育和日常生活，促使人民群众在广泛践行社会主义核心价值观中自觉培育社会公德、职业道德、家庭美德和个人品德。

坚持用中华传统美德涵养立德树人的民族特色。既要深入挖掘社会主义核心价值观国家层面的价值追求、社会层面的价值取向、公民层面的价值准则所蕴含的中华优秀传统美德，在引领人民明确大德、公德、私德的文化基因和文化底色中，感知感悟社会主义核心价值观的民族魅力；还要把中华优秀传统文化中讲仁爱、重民本、守诚信、崇正义、尚和合、求大同的思想精华和道德精髓融入社会主义核心价值观的日常建设之中，在推进中华优秀传统美德与当代中国社会主义道德相融相通中引导人民更好地体会和践行社会主义核心价值观。

第四章
新时代新征程继续践行民为邦本

（三）坚持文艺创作用情感人

坚持以人民为中心的创作导向，保证文艺创作始终符合新时代中国人民根本的、共同的文化利益和文化需求。既要始终坚持以满足人民文化需求与增强人民精神力量为文艺创作的出发点和落脚点，在坚定文艺为人民服务、为社会主义服务的根本方向中实现文艺的根本价值；还要始终坚持扎根人民、扎根生活、扎根实际的肥沃土壤进行文艺创作，在反映人民真情实感和现实实践中引起思想共鸣和情感共鸣。

坚持以创作思想精深、艺术精湛、制作精良的文艺精品为中心环节，给人民以正确的价值引导、精神引领和审美启迪。既要坚持内容为王，创作思想精深的作品，以社会主义核心价值观为根本引领，以弘扬民族精神和时代精神为主旋律，以世界先进文明成果为重要借鉴，通过揭示社会发展的本质和趋势、反映崇高的人生理想和追求、剖析现实生活的深刻哲理，赋予文艺作品以深刻的思想性；又要坚定审美理想，创作艺术精湛的作品，把中华美学精神与当代审美追求相结合，塑造经典艺术形象，把中华美学精神以更符合人们审美、更赏心悦目的方式呈现出来；还要坚守文化责任，生产制作精良的作品，以严格的艺术标准和艺术态度对待作品，在注重细节、精心设计、用心打磨、精益求精中，创作质量上乘的文艺作品。

注重拓展内容层次、丰富题材类型、发展创作形态，为满足人民群众个性化和多样化的文化需求提供丰盛的精神食粮。坚持优秀作品"不拘于一格、不形于一态、不定于一尊，既要有阳春白雪、也要有下里巴人，既要顶天立地、也要铺天盖地"，多创作以爱国主义、现实主义题材为主的正能量作品,充分发挥文学、戏剧、电影、电视、音乐、舞蹈、美术、摄影、书法、民间文艺等多样载体的文化价值,加强对网络动漫、网络文学、网络音乐等网络文艺形态的正确引导,在充分激发网络文艺的强大正能量中,唱响网上文艺主旋律,进而满足人民群众多样化、多层次的文化需求。

(四)坚持舆论引导成风化人

坚持以正确舆论导向为根本,始终遵循团结稳定鼓劲、正面宣传为主的方针,在巩固壮大奋进新时代的主流思想舆论和传播发展新气象的正能量中,激励广大人民群众为全面建设社会主义现代化国家、全面推进中华民族伟大复兴而拼搏奋斗。舆论导向是发挥文化价值和力量的"方向盘",只有牢牢坚守正确的舆论导向,才能让中国精神、中国价值、中国力量在全面建设社会主义现代化国家新征程中得以更好彰显。

敢于并善于向思想舆论的"黑色地带"亮剑发声,要在批判错误舆论、澄清谬论中引导人民正确辨别善恶美丑和先进落后,在风清气正、健康向上的文明风尚中鼓舞士气、凝聚人心。对于一切贬低中华文化、歪曲党史国史、攻击中国共产党领导、诋毁社会主义制度的错误言论,既要勇于运用马克思主义及其中国化时代化最新理论成果的真理力量进行揭示和批判,又要善于运用中国特色社会主义文化的先进性引导舆论,用社会主义核心价值观凝聚人心,推动人们更加坚定"四个自信",更加坚定实现美好生活和全面建设社会主义现代化国家的思想定力。

加速传统媒体和新媒体融合发展,在做大做强主流舆论中为全面建设社会主义现代化国家、全面推进中华民族伟大复兴提供强大精神力量和舆论支持。要在坚持导向为魂、内容为王的基础上,加快党报党刊、通讯社、电台电视台等传统媒体与以数字技术为代表的新媒体融合,实现优势互补并向纵深发展,加强全媒体传播体系建设,塑造主流舆论新格局,使广大人民群众在理想信念、价值理念、道德观念上更加紧密地团结在一起。

三、促进人的全面发展

党的十八大以来,习近平总书记从理想要求、社会发展、美好生活、人民健康、劳动奋斗等方面,对人的全面发展问题作出新的阐释。这些新阐述丰富了马克思主义关于人的全面发展理论,回答和揭示了新时代人的发展方向、发展内容、发展途径。

(一)理想要求:教育培养德智体美劳全面发展的人

实现人的全面发展是一个长期的历史过程,教育对于促进人的全面发展具有决定性意义。教育是培养人的事业,培养的是"社会发展、知识积累、文化传承、国家存续、制度运行所要求的人"。习近平总书记提出,"我们的教育必须把培养社会主义建设者和接班人作为根本任务,培养一代又一代拥护中国共产党领导和我国社会主义制度、立志为中国特色社会主义奋斗终身的有用人才",科学地回答了教育的根本问题,为新时代教育发展和人的发展提供了遵循。

党的二十大报告指出，要"深入实施科教兴国战略、人才强国战略、创新驱动发展战略"，培养大批德才兼备的高素质人才，集聚到党和人民事业中来。

第一，教育以社会主义核心价值观为价值引领。价值观凝聚着一个国家和民族的精神追求，社会主义核心价值观是中国精神的集中体现。将社会主义核心价值观的培育融入教育全过程，从价值观角度回答了新时代需要培养什么人的根本性问题。新时代新形势对教育提出了新的更高要求，要落实立德树人根本任务，培养担当民族复兴大任的时代新人，必须发挥社会主义核心价值观对人的精神世界的引领作用，使之转化为人的价值认同和行为日常。

第二，教育以培养德智体美劳全面发展的社会主义建设者和接班人为目标。习近平总书记指出，古今中外，每个国家都是按照自己的政治要求来培养人的。我国是社会主义国家，这就决定了我们的教育必须培养社会主义建设者和接班人，而不是旁观者和反对派。在日常的教育过程中，要注重提升学生的各方面综合素质，让学生成为德才兼备、全面发展的人才，并且努力构建德智体美劳全面培养的教育体系，形成更高水平的人才培养体系。党的二十大报告要求必须办好人民满意的教育，加快建设高质量教育体系，使教育与人的发展需求相适应。

近二十年来，通过普及义务教育、实施科教兴国战略，我国教育事业发展迅速。教育事业的发展对于提高人民综合素质，为现代化建设事业输送高素质人才，促进人的全面发展和人的现代化具有关键作用。在全面建设社会主义现代化国家新征程中，教育对促进人的全面发展和社会进步的影响更为突出,必须深入实施新时代人才强国战略,培养全面发展的高素质人才。

(二)双向互动:人的全面发展与社会发展同向同行

人的全面发展与社会发展演变是同一历史进程的两个方面,是以人为主体的社会基本矛盾运动的结果,二者具有一致性。社会是人们交互活动的产物,社会是人的社会,人是生活在社会中的人,正如马克思所说,人们的社会历史始终只是他们的个体发展的历史。当前,我国社会发展处于社会主义初级阶段,这是实现人的全面发展的最大实际和制度前提。习近平总书记关于人的全面发展的重要论述与当前社会阶段发展目标相适应,阐释了在社会主义初级阶段如何继续推进人的发展。

第一,社会发展为人的全面发展创造充分条件。习近平同志担任浙江省委书记期间,就曾提出要关注人与社会之间的和谐关系。他指出,经济发展以社会发展为目的,社会发展以人的发展为归宿,人的发展以精神文化为内核。在经济充分发展的前提下,政治、文化、生态环境等社会系统各个要素协调共进,为人的全面发展提供充分的基础,社会发展的旨归是最终实现人的全面发展。

第二,人的全面发展推动着社会发展,是社会进步的表现形式。经济越是发展,创造财富的手段就越是依赖教育、科技、文化、卫生、体育、环保等社会事业的发展,财富的表现形式就越是体现于知识产权、品牌、价值观等社会资本的积累,最终也都体现于人的发展。现实的人作为实践活动的主体,有着多元化的需要,需要得到满足后又催生新的需要，推动着各项社会事业的不断进步。

第三，人的现代化与社会现代化的实现是一致的，二者统一于中国式现代化道路之中。党的十九届五中全会明确提出全面建设社会主义现代化的任务，在新征程中既需要又必须实现人的现代化，这是中国式现代化道路的本质。习近平总书记指出，现代化的最终目标是实现人自由而全面的发展。以社会全面发展和人的全面发展的良性互动构成中国发展的目标体系，二者是相互依存的。

（三）实现途径：劳动展现个人全面发展潜能

劳动是决定人本质的实践活动，人们在劳动过程中创造了人类世界，也创造出人自身。习近平总书记继承并发展了马克思主义关于劳动的基本观点，秉持人民创造历史、劳动开创未来的理念，将新时代人民劳动与幸福美好生活和中国梦的实现紧密结合起来。

第一，劳动夯实人的全面发展的物质基础。习近平总书记指出："劳动是财富的源泉，也是幸福的源泉。"人通过劳动实现人与自然之间的物质变换过程，在改造自然基础上形成一定的社会关系和交往关系，形成丰富的社会生活。正是劳动为人的生存提供了基本的物质产品，在满足人的生存需要的基础上，进一步满足人的享受需要和发展需要。劳动创造出巨大的物质财富是实现人的全面发展的坚实基础，只有在满足基本物质需要的前提下，人的精神世界发展才得以实现。

第二，劳动确保个人的存在价值与发展潜能。劳动作为最基本的社会关系之一，在促进个人全面发展、推动社会进步和实现民族复兴中具有重要作用。劳动是一切成功的必经之路，实现个人的全面发展离不开脚踏实地的劳动，个人的价值只有在劳动过程中才能得到体现，个人的成功必须经过诚实劳动才能获得。幸福不是从天而降的，都是奋斗出来的。

第三，劳动精神为人的全面发展提供价值实践遵循。人们在劳动过程中形成了内涵丰富的劳模精神、劳动精神、工匠精神，既满足了人民的美好生活需要，又为新时代社会发展注入强大精神动力，引领社会发展进步。通过劳动实践，人作为主体存在的本质力量和自我价值得以确证，人的自由个性得以充分展现，从而推动人的全面发展。习近平总书记强调，发展中的各种难题，只有通过诚实劳动才能破解。在全面建设社会主义现代化国家新征程中，仍须发扬劳动精神，实现中华民族伟大复兴的中国梦，要靠各行各业人们的辛勤劳动。党和国家要带领人民接续奋斗，通过辛勤劳动创造美好生活，造就历史伟业。

第三节　人民当家作主：人民是历史前进的根本动力

习近平总书记强调："人民是历史的创造者，群众是真正的英雄。人民群众是我们力量的源泉。我们深深知道，每个人的力量是有限的，但只要我们万众一心、众志成城，就没有克服不了的困难；

每个人的工作时间是有限的,但全心全意为人民服务是无限的。"① 要想真正践行民为邦本思想,保障人民当家作主,就必须坚持群众观点和群众路线,尊重人民首创精神,依靠人民建成社会主义现代化强国,实现中华民族伟大复兴。

一、坚持党的群众路线

(一)开辟党的群众路线新境界

中国共产党对群众路线的认识是层层递进、逐步加深的过程。纵观党的百年奋斗史,在遵循马克思主义群众观的基础上,中国共产党深刻把握我国社会主要矛盾和客观形势,不断加深对党的群众路线的客观认识,用具有中国特色和中国风格的话语表达,对如何树牢群众观点、践行群众路线进行创新阐释,推动党的群众路线思想实现从萌芽提出、初步形成到发展成熟、凝练升华的过程,形成了系统丰富的群众路线思想。

中国特色社会主义进入新时代,党的群众路线也相应地具有新的时代内涵。习近平总书记关于党的群众路线重要论述是新时代树牢群众观点和做好群众工作的行动指南,深刻回答了"什么是党的群众路线、为什么要做好群众工作、怎样改进党的作风、怎样做好群众工作"等一系列问题,具有很强的政治性、理论性和实践性,在哲学意蕴、价值定位、话语体系、实践方法上丰富了党的群众路

---

① 《习近平著作选读》第1卷,人民出版社2023年版,第61页。

线的理论内涵和实践要求。

在价值定位上,习近平总书记关于党的群众路线的重要论述,鲜明重申人心向背关系党的生死存亡、脱离群众是党面临的最大危险、群众路线是党的生命线和根本工作路线、要把群众路线贯彻到治国理政全部活动之中等观点,进一步深化了党对群众路线的认识,深刻揭示了践行党的群众路线的现实意义。在话语体系上,习近平总书记提出"人民群众是我们力量的源泉""江山就是人民,人民就是江山""人民对美好生活的向往,就是我们的奋斗目标""坚持以人民为中心的发展思想""人民是我们党的工作的最高裁决者和最终评判者""群众工作的本质是密切党群关系,核心是正确处理人民内部矛盾"等论断,用鲜活的话语宣扬党的政治立场、阐释党的群众路线,丰富和发展了群众路线的思想内涵。在实践方法上,习近平总书记积极探索群众工作方法以及如何教育引导党员干部贯彻党的群众路线,明确"正确的方式方法是做好群众工作",要求始终坚持问题导向、聚焦作风建设,坚持思想建党和制度治党同向发力,把经常性教育与集中性学习教育相结合,把贯彻党的群众路线与党内集中整风相结合。

(二)贯彻党的群众路线的实践进路

如何贯彻和发展党的群众路线、巩固党长期执政根基、践行民为邦本,是一项永恒课题。中国共产党既从理论上与时俱进地丰富发展群众路线,又从实践上回应党内所存在的突出问题,始终坚持党要管党、全面从严治党,切实改进工作作风,密切党群干群关系。

新时代新征程，中国共产党一以贯之地执行群众路线，构建践行群众路线长效机制，尽职履职，担当作为，团结带领全国各族人民为实现中华民族伟大复兴的中国梦不懈奋斗。

1. 准确把握群众路线逻辑定位，坚定不移贯彻党的群众路线

一是要厘清党的群众路线与治国理政的逻辑关系。党的群众路线体现了党的宗旨、性质和形象，在逻辑定位和价值作用上始终服务于治国理政实践，只有贯彻好党的群众路线，才能提高我们党治国理政的水平。习近平总书记指出，我们任何时候都要"把党的正确主张变为群众的自觉行动，把群众路线贯彻到治国理政全部活动之中"。

二是要明确党的群众路线与巩固执政基础的逻辑关系。党的建设说到底就是始终保持党的先进性和纯洁性，巩固党的执政基础和执政地位。保持党的先进性和纯洁性、巩固党长期执政的基础和地位最重要的就是看党群干群关系的亲疏，贯彻党的群众路线是巩固党的执政基础的必然要求。

三是要把握党的群众路线与作风建设的逻辑关系。党的作风、党的形象事关人心向背，关系党和国家的生死存亡。放弃党的群众路线就会失去支持、失去动力、失去根基。党的群众路线与"四风"顽疾水火不容、完全相背，加强和改进党的作风最为核心、最为重要的就是密切党群干群关系、塑造党的良好形象。

2. 持续开展党内集中性学习教育，强化党员干部的宗旨意识

党的群众路线是党的宗旨和执政理念在党的工作实践中的具体

第四章
新时代新征程继续践行民为邦本

体现,贯彻好群众路线就等于抓住宗旨意识的根本。贯彻党的群众路线最重要的问题是要教育引导全党始终坚持全心全意为人民服务的根本宗旨,牢固树立马克思主义群众观。无论是在革命战争年代还是社会主义建设时期,我们党都非常重视采取党内集中教育的方式,先后开展了多次党内集中教育,把党的宗旨意识、党的群众路线教育实践内蕴其中,加强和改进党的作风建设,密切党群干群关系,形成了集中整风的良好传统和实践经验,达到统一思想、纯洁队伍的效果。进入新时代,先后开展的六次党内集中教育,都把保持和巩固党的先进性和纯洁性、加强和改进党的作风作为重要导向,重点整治脱离群众甚至背离群众的现象和问题,切实改进了党风政风和社会风气。

新时代新征程上贯彻党的群众路线必须注重经常性学习教育和集中性学习教育相结合,以全党开展学习贯彻习近平新时代中国特色社会主义思想主题教育为依托,把党的宗旨意识教育、党性教育寓于其中,注重从思想上解决问题,主要解决党员干部宗旨意识淡薄的问题,教育引导广大党员干部树立正确的世界观、权力观、政绩观、群众观、事业观、价值观,坚定党员干部的理想信念,促进党员干部牢记公仆身份、树牢群众观点、践行群众路线、增进群众感情。

3. 规范党内政治生活,大力营造风清气正的政治生态

习近平总书记指出,加强和改进作风建设是保持党同人民群众血肉联系的有效途径,必须聚焦解决群众反映强烈的突出问题。贯

彻党的群众路线必须坚决抵制党内滋生的贪污腐败、脱离群众等问题。党组织、党员的作风问题是人民群众能最直接、最快速看得到、听得到、感受得到的。党的作风是党的形象，是观察党群干群关系、人心向背的晴雨表。党的作风正，人民心气顺，党和人民就能同甘共苦。

一是要严肃党内政治生活，严肃党的政治纪律和政治规矩，发扬党的优良传统，树立党的良好形象；严格党的组织生活制度，丰富党内政治生活的重要内容和载体，为党员开展批评和自我批评提供平台；增强党内政治生活的政治性、时代性、原则性、战斗性，不断进行自我净化、自我完善、自我革新、自我提高，增强拒腐防变和抵御风险能力。

二是要持之以恒正风肃纪，下大力气整治"四风"问题。党要深刻认识作风问题的顽固性和反复性特点，对准焦距、找准穴位、抓住要害，持续整治"四风"顽疾，形成经常抓、长期抓的长效机制。党员干部要坚定不移转变作风、反对腐败，杜绝在作风问题上打折扣、搞变通、玩花样的现象，清除一切侵蚀病毒，营造风清气正的政治生态，确保党不变质、不变色、不变味。

4. 完善自我革命制度体系，构建践行群众路线的制度机制

党的制度建设是全面从严治党的重要保障。贯彻群众路线、做好群众工作是常态化、长期性的工作，只有以制度管党治党作为有力支撑，形成全党贯彻和坚持群众路线的长效机制，才能纠正党内的不良作风。党的十八大以来，从出台中央八项规定，到修订党的

巡视工作条例，再到修订发布党的纪律处分条例和廉洁自律准则、问责条例，这些党内法规的出发点和落脚点都是为了整饬党员干部的作风、密切党同人民群众的联系。制度不健全、不具体，监督难、执行难是导致"四风"问题反复出现的重要原因，铲除腐败、不良作风滋生蔓延的土壤，根本上要靠制度治党、靠党内法规，要注重发挥制度的刚性作用，推动形成长效机制。

当前，党的执政环境发生深刻变化，"四大考验""四种危险"等影响党的先进性、弱化党的纯洁性的因素复杂多样，这就需要我们党完善自我革命制度体系，建立健全全面从严治党体系，扎紧制度笼子，依托制度治党和依规治党贯彻执行群众路线。要加强以转作风改作风为重点的制度体系建设，强化对不良作风的刚性约束，增强制度的执行力和约束力，进一步完善党内民主制度、监督制度、干部人事制度、检查考核制度、群众工作制度，全面落实党在联系服务群众、规范权力运行等方面的工作制度，以管用的体制机制保障全党坚持执行群众路线，切实增强人民群众对党的认同感和信任感。

二、尊重人民群众首创精神

人民群众是历史的创造者，是变革社会制度、进行社会主义改革的决定力量，人民性是尊重人民首创精神的逻辑起点，这种鲜明的人民性不仅体现在人民群众在改革创新中的主体地位上，而且表现在人民首创精神在改革创新的动力作用中。

（一）尊重人民首创精神的基本内涵

习近平总书记在广东考察时指出："我们要尊重人民首创精神，在深入调查研究的基础上提出全面深化改革的顶层设计和总体规划，尊重实践、尊重创造，鼓励大胆探索、勇于开拓，聚合各项相关改革协调推进的正能量。"这为我们分析、理解尊重人民首创精神提供了重要依据。具体而言，这段话主要包含了三个层面的内容。

一是内容方法上，倡导尊重人民首创精神，应强调实践活动和思维创新的互动作用，将深入调查研究和顶层设计相结合。一方面突出调查研究的实践作用和探索效果，强调了"摸着石头过河"的重要性；另一方面强化战略思维和整体布局，明确框架性规划的重要地位，将对改革的顶层设计摆在突出位置。

二是思想原则上，坚持客观存在和主观能动性的统一，既要尊重实践，又要尊重创造，并在此基础上，鼓励创新和大胆探索，促进改革事业大步前进，加快改革速度。

三是价值目的上，致力于在最大限度上聚合改革正能量，实现改革协调发展，这是对改革质量的高度关注，要求我们在改革创新的过程中凝聚改革共识，协调各方关系，实现稳中求进。

以上对于"尊重人民首创精神"内容方法、价值目的、思想原则上的分析基本回答了"如何尊重"的问题，在此基础上，我们还需要对其主体和客体进行理性分析，从而解决"谁来尊重""尊重什么"的问题。

尊重人民首创精神的客体包含着人民的创新思想、方法、活动

第四章 新时代新征程继续践行民为邦本

等,需要注意的是,这里的人民首创精神不是指单个人的某种思想、某种方法,而是指群体的、大众的创新。对于其主体的分析主要从以下两个角度展开。一是从主客关系的角度看,人民是人民首创精神的主体,也必然成为尊重自身创新能力和创造成果的主体。因此,尊重人民首创精神的主体是广大人民群众。同时,尊重人民首创精神的主体还有党、政府等对象,要把尊重人民首创精神同加强和改善党的领导结合起来,坚持执政为民,紧紧依靠人民,切实造福人民,在党的领导下充分发挥人民的创造性。二是从主体间性的角度来看,党、政府、人民同时作为尊重人民首创精神的主体,其间的互动关系必将深刻影响人民首创精神发挥的广度和深度。这就需要我们拓展多主体间的交流渠道,强化主体间的沟通作用,有效发挥人民首创精神。

总而言之,尊重人民首创精神是实现改革创新的内在动力,是党、政府、人民等多个主体不断创新、不断协调的长期过程,它体现了人民群众在社会主义改革中的主体地位和尊重人民首创精神的动力作用,彰显出中国特色社会主义制度的人本性和先进性。

(二)尊重人民首创精神的实践原则

中国共产党始终代表最广大人民的根本利益,是以全心全意为人民服务为宗旨的党。中国共产党自成立以来,就坚持保持与人民群众的血肉联系,坚持一切为了人民,坚持一切依靠人民,始终以"三个有利于"为标准,不断推进社会主义建设,提高人民生活水平。

我们党为人民而生、因人民而兴，始终同人民在一起、为人民利益而奋斗。习近平总书记指出，前进道路上，全党要坚持全心全意为人民服务的根本宗旨，树牢群众观点，贯彻群众路线，尊重人民首创精神。尊重人民首创精神，善于从人民群众中汲取智慧和力量，始终保持同人民群众的血肉联系，就能凝聚起众志成城的磅礴力量，团结带领人民共创历史伟业。

1. 根本保障：党的领导

中国共产党是中国特色社会主义建设事业的领导核心，也是改革开放的领导核心，这个地位是在长期的革命和改革过程中确立的。正是在中国共产党的正确政策、方针、路线指引下，中国摆脱了积贫积弱的社会面貌，逐步实现了向社会主义的过渡，完成了第一大历史任务；也正是因为中国共产党的正确领导，在对于社会主义性质、社会主义建设现状的正确判断下，中国特色社会主义建设才能在改革开放的过程中走向胜利，朝着共产主义方向不断前行。

在推进改革创新，尊重人民首创精神的过程中，坚持党的领导要突出中国共产党在政治、思想和组织上对中国特色社会主义建设事业中的引导、向导作用，把尊重人民首创精神与加强和改善党的领导结合起来。加强党的领导和尊重人民首创精神是有机统一的。党的领导为改革开放提供坚强政治保证和正确方向指引，人民首创精神为改革开放提供源源不断的智慧和力量。改革发展任务越繁重、形势越复杂，越要把坚持和加强党的集中统一领导和坚持尊重人民首创精神结合起来，越要保持党同人民群众的血肉联系，善于通过提出和贯彻正确的路线方针政策带领人民前进，善于从人民的实践创造和发展要求中完善政策主张，使改革发展成果更多更公平惠及全体人民，不断为深化改革开放夯实群众基础。

2. 基本方法：摸着石头过河和顶层设计相结合

尊重人民首创精神需要摸着石头过河。摸着石头过河内含着调查研究的基本方法，囊括了"实验—总结—推广"的一般过程，是推动局部发展的基础保障。尊重人民首创精神要摸着石头过河，就是指党、政府、人民等主体在改革创新的过程中，必须坚持人民的主体地位，鼓励人民群众从当前的发展形势出发，从切身利益和问题导向出发，同时，发挥党和政府的领导作用，总结推广成功经验，从而推动局部的、阶段性改革。

尊重人民首创精神需要顶层设计。顶层设计是以习近平同志为核心的党中央赋予改革的新内涵。"顶层设计"来源于系统工程学，主要有两层含义：一是指对顶层的设计，即对改革的指导思想、目标结构、方法机制等总体框架和布局的部署；二是由顶层来设计，指改革布局由国家最高决策层为主导。尊重人民首创精神需要顶层设计，就是指要充分发挥党中央、中央政府、人民代表大会等最高决策层的主导地位，在对国际、国内形势进行预测判断的基础上，分阶段、分领域地确定改革目标、整体框架，明确一般方法，实现社会的统筹发展。需要强调的是，虽然顶层设计依赖国家最高决策层，但它依然是人民群众的事业。人民是国家的主人，也是顶层设计的重要力量，这不仅指人民群众在顶层设计中的利益必须是至上的,也指在顶层设计的过程中必须加强人民民主建设,保障人民群众的知情权、参与权和监督权,保障人民当家作主。

摸着石头过河和加强顶层设计是尊重人民首创精神的重要方法,它们是对应的,而不是对立的。其中,摸着石头过河强调眼前的、局部的利益,是自下而上的改革方法;顶层设计着重于长期的、整体的利益,是自上而下的创新手段。摸着石头过河和加强顶层设计是辩证统一的,推进局部的阶段性改革开放要在加强顶层设计的前提下进行,加强顶层设计要在推进局部的阶段性改革开放的基础上来谋划。

3. 关键路径:实事求是与群众路线相统一

实事求是是党的思想路线,群众路线是党的根本工作路线。坚持群众路线和实事求是相统一是维系党和人民血肉联系,实现摸着石头过河和顶层设计相结合,激发一线人民群众改革智慧的关键路径。

实事求是是群众路线的思想保证。坚持群众路线与实事求是思想相统一,首先要求在认识方法论上坚持"从群众中来,到群众中去",以实事求是来保证党的群众路线的贯彻执行。这不仅指"首先善于做群众的学生的人,才有可能做群众的先生,并且只有继续做学生,才能继续做先生";而且,还要按照实事求是的要求,从认识论上把握群众路线的"从群众中来,到群众中去"的工作方法,也就是说,在践行"从群众中来,到群众中去"的过程中,要对群众经验和群众的意见进行调查研究,进行"整理、分析、批判和概括",要将从群众当中所获得的感性认识升华为理性认识,升华为领导者的意见、办法。

群众路线是实事求是的价值标准。群众路线是我们党的生命线和根本工作路线，是我们党永葆青春活力和战斗力的重要传家宝。实现中华民族伟大复兴的中国梦，必须紧紧依靠人民，充分调动最广大人民的积极性、主动性、创造性。群众路线作为实事求是的价值标准，要求将"一切为了群众"作为解放思想、实事求是地设计、制定改革开放的路线、方针、政策、办法，推进改革开放进程，衡量改革开放结果的价值标准，深入群众、服务群众、学习群众。

三、依靠人民实现中华民族伟大复兴

中国共产党之所以能够发展壮大，中国特色社会主义之所以能够不断前进，正是因为始终坚持一切为了人民、一切依靠人民。初心如磐，使命在肩。百余年风雨兼程，中国共产党团结带领人民进行的一切奋斗、一切牺牲、一切创造，归结起来就是一个主题：实现中华民族伟大复兴。历史和现实一再表明，人民是我们党的力量源泉，是我们共和国的坚实根基，是我们党执政兴国的根本所在。

中国特色社会主义进入新时代，实现中华民族伟大复兴需要依靠人民。党的十八大以来，以习近平同志为核心的党中央团结带领中国人民，自信自强、守正创新，统揽伟大斗争、伟大工程、伟大事业、伟大梦想，创造了新时代中国特色社会主义的伟大成就。我们坚持和加强党的全面领导，统筹推进"五位一体"总体布局、协调推进"四个全面"战略布局，坚持和完善中国特色社会主义制度、

读懂民为邦本

推进国家治理体系和治理能力现代化，坚持依规治党、形成比较完善的党内法规体系，战胜一系列重大风险挑战，实现第一个百年奋斗目标，明确实现第二个百年奋斗目标的战略安排，党和国家事业取得历史性成就、发生历史性变革，为实现中华民族伟大复兴提供了更为完善的制度保证、更为坚实的物质基础、更为主动的精神力量，实现中华民族伟大复兴进入了不可逆转的历史进程。

习近平总书记指出："实现中华民族伟大复兴的中国梦，就是要实现国家富强、民族振兴、人民幸福。""国家富强"，蕴含着全面建成小康社会，进而建成富强民主文明和谐美丽的社会主义现代化强国；"民族振兴"，昭示着中华民族更加坚强有力地自立于世界民族之林，为人类作出新的更大贡献；"人民幸福"，意味着坚持以人民为中心，不断增进人民福祉，促进人的全面发展。中国梦把国家的追求、民族的向往和人民的期盼融为一体，既与中华民族历史传统相承接，又与当今中国发展大势相契合。可以说，新时代的一切团结奋斗，都是为了实现这个伟大梦想。

2021年2月，习近平总书记庄严宣告：经过全党全国各族人民共同努力，在迎来中国共产党成立一百周年的重要时刻，我国脱贫攻坚战取得全面胜利，现行标准下9899万农村贫困人口全部脱贫，832个贫困县全部摘帽，12.8万个贫困村全部出列，区域性整体贫困得到解决，完成了消除绝对贫困的艰巨任务，创造了又一个彪炳史册的人间奇迹！脱贫攻坚计划获得胜利，正是一代又一代人民前仆后继，为了同一个梦想，一步步实现的。

实现社会主义现代化和中华民族伟大复兴是坚持和发展中国特

第四章
新时代新征程继续践行民为邦本

色社会主义的总任务。党的二十大擘画了全面建设社会主义现代化国家、实现第二个百年奋斗目标的宏伟蓝图,对以中国式现代化全面推进中华民族伟大复兴作出一系列重大部署。新征程上,我们必须坚持以习近平新时代中国特色社会主义思想为指导,坚定中国特色社会主义道路自信、理论自信、制度自信、文化自信,更有定力、更有自信、更有智慧地坚持和发展新时代中国特色社会主义,不断谱写强国建设、民族复兴的崭新篇章。

今天,我们党团结带领亿万人民阔步前行在以中国式现代化全面推进强国建设、民族复兴伟业的新征程上,中国式现代化已经展开壮美画卷并呈现出无比光明灿烂的前景。前进道路不可能一马平川,必定会有艰难险阻,可能遇到风高浪急甚至惊涛骇浪的重大考验。我们要居安思危、未雨绸缪,紧紧依靠全党全军全国各族人民,坚决战胜一切不确定难预料的风险挑战。我们坚信,创造了五千多年辉煌文明的中华民族,必将在新时代新征程上创造出新的更大辉煌,必将为人类和平和发展的崇高事业作出新的更大贡献!